电话销售沟通口才

训练手册

案例实操版

方一舟◎编著

中国铁道出版社有限公司

CHINA RAILWAY PUBLISHING HOUSE CO., LTD.

图书在版编目（CIP）数据

电话销售沟通口才训练手册：案例实操版/方一舟
编著.—北京：中国铁道出版社有限公司，2021.3
ISBN 978-7-113-26647-9

Ⅰ.①电… Ⅱ.①方… Ⅲ.①推销-口才学 Ⅳ.
①F713.3②H019

中国版本图书馆CIP数据核字（2020）第025124号

书　　名	电话销售沟通口才训练手册（案例实操版）
	DIANHUA XIAOSHOU GOUTONG KOUCAI XUNLIAN SHOUCE（ANLI SHICAOBAN）
作　　者	方一舟

责任编辑	吕　芡　　编辑部电话：（010）51873035	邮箱：181729035@qq.com
编辑助理	张秀文	
封面设计	宿　萌	
责任校对	苗　丹	
责任印制	赵星辰	

出版发行：中国铁道出版社有限公司（100054，北京市西城区右安门西街8号）
印　　刷：三河市兴达印务有限公司
版　　次：2021年3月第1版　2021年3月第1次印刷
开　　本：700 mm×1 000 mm　1/16　印张：13.75　字数：195千
书　　号：ISBN 978-7-113-26647-9
定　　价：59.00元

前　　言

在市场竞争日趋激烈的今天，由于成本低、方便快捷、不受地域限制等优势，电话销售成为受到很多企业青睐的营销方式之一。

入职这个行业，很多电话销售员的心里都有一个年薪过百万的财富梦，不过现实残酷的打击却往往让很多人望而却步，节节败退，另谋出路。

一天拨出去一百个电话，真正有效的却只有一两个，甚至一个也没有。大多数客户一听销售员的来意就立刻挂断电话，还有一些人会破口大骂。当然，受质疑、遭厌烦、被拒绝也是常有的事儿。有的时候，电话销售员费尽唇舌、滔滔不绝，好不容易将产品的全部信息传递给客户，等来的却是"我不需要""我不感兴趣""以后再说吧"这样的婉拒。

身为一名电话销售人员，对于这些销售窘境背后的隐忍和辛酸一定不会感到陌生。不过在全国数十万的电话营销"大军"中，也有很多电话销售精英，轻轻松松地领着数万元的月薪，攀上了行业的顶峰。同样是电话销售员，前后两者之间为什么会有这么大的差距呢？

也许是自我介绍不对，一开口就被人拒于千里之外；也许是产品介绍得不恰当，于是招来客户各种各样的拒绝；也许是邀约方式不得当，所以次次约见都以失败而告终；也许是报价技巧匮乏，所以客户一谈到价格就谈不下去了；也许是促成技巧不成熟，所以在最后的"临门一脚"功亏一篑……

总而言之，备受打击者缺的正是正确的谈话沟通技巧和销售策略。那么电话销售员应该如何修炼这些"内功"呢？《电话销售沟通口才训练手册（案例实操版）》也许可以帮助到您。

本书在内容上几乎囊括了电话销售员从陌生拜访到售后服务的全过程。其中笔墨的着力点主要集中在打破客户心理防线、激发客户兴趣、电话邀约、化解客户异议、产品介绍、产品报价、签单促成、售后维护等关键的销售环节。更重要的是，本书结合70个销售高手的成功案例，系统剖析了电话销售中的技巧和策略，帮助电话销售新人快速弥补很多职场经验的空缺，是一本能够实实在在提高电话销售员水平的参考指导书。

本书除了丰盈翔实、面面俱到的营销内容之外，还具有以下几个特点：

1. 经典的对话情景与技巧结合，寓理于景，避免了空洞的理论说教，可读性很强；

2. "口才训练""口才训练解读""技巧解析"三个板块相辅相成，条理清晰；内容分明；

3. 全书涵盖了电话销售的各个环节，内容丰富，沟通技能全面，具有很强的实用性；

4. 本书语言通俗易懂，生动活泼，集知识性和趣味性于一体，让人在轻松阅读的过程中获取全方位的电话销售秘诀。

梦想和现实其实只差一个行动的距离。那些怀揣梦想，努力想蜕变成顶级销售精英的人们行动起来吧！每天学一种情景的应对沟通方法和技巧，长年累月坚持下来，你的电话销售技巧一定会得到提高，到那个时候你就会发现其实电话销售也并没有那么难，你也会乐在其中。

方一舟

目　录

第一章　巧妙说动前台或秘书，闯过第一关

作为一名电话销售员，有的时候难免会碰到公司的把关者——前台或秘书，那么如何轻松越过对方的电话过滤？这对每个销售人员都是一个不小的考验。其实前台或秘书的阻拦也并非"铜墙铁壁"，她们的心态也是"麻秆打狼两头怕"，重要的电话接不进去或者接进去不重要的电话可能都会受到领导的埋怨和斥责，所以电话销售员完全可以抓住她们的这些弱点，利用一些语言技巧轻松跨越障碍。

口才训练 1：礼貌用语博得好感，突破防线

古语有云："君子不失色于人，不失口于人。"它的意思是指有道德的人待人接物应该彬彬有礼，使用文明用语，不可出言无状，态度蛮横。诚如古人所说，文明礼貌是中华民族的传统美德，是尊重他人的具体表现，是友好关系的敲门砖。作为一名电话销售员，更应该懂得用礼貌用语拉近自己和前台的距离，营造和谐愉快的谈话氛围，从而为联系到真正的决策人打好基础。

口才训练

电话销售员："您好，请问是××公司吗？"

前台："您好，是的，请问您是哪位？"

电话销售员："您好，我是××公司的李翔，请问怎么称呼您？"

前台："我姓张，您打电话有什么事儿？"

电话销售员："张小姐您好，我想找一下贵公司采购部门的负责人。"

前台："您能先告诉我有什么事情吗？"

电话销售员："您真是一个非常负责任的工作人员，当然我也知道处在您这个位置非常不容易。每天会接到很多电话，分辨、转接电话也是一件很费脑筋的事情，我也有过这样的经历，我非常理解您。"

前台："您能理解我们的工作就好。"

电话销售员："我们公司最近正在和贵公司商谈一笔生意，我想找采购部的负责人具体聊聊细节问题，麻烦您代为转接一下，可以吗？辛苦了！"

前台："哦，好的，我这就为您转接。"

电话销售员："谢谢！"

口才训练解读

前台是一个公司的窗口，也是一个公司的脸面，更为重要的是，她们还充当着电话过滤器的作用。电话销售员要想冲破这层障碍找到真正的联系人，首先就得对她们客客气气，以礼相待。本来她们从事的就是笑脸迎人、鞠躬屏气的工作，鲜少有人会以同样的热情、同样的微笑、同样的礼貌应对她们，所以如果销售员能够给她们应有的尊重和礼貌，相信她们一定会满足你的要求。

口才训练中的电话销售员在与前台通话的过程中，自始至终用语得体，礼貌有加，"辛苦了""您好""麻烦您""谢谢"等礼貌用语不离口，无疑获得了前台的好感，很快她便答应了电话销售员的请求。

技巧解析

电话销售员突破前台或秘书常见的礼貌用语如下。

1. 礼貌的开头语。

打电话时，销售员开口所讲的第一句话，是给对方的第一印象，所以措辞要谨慎小心。

一般而言，打电话时所用的规范的开场白有两种。第一种采取的模式是问候语＋双方的单位、职衔、姓名。比如，"您好！我是×××公司销售部的×××，麻烦您帮我找一下×××分公司经理×××先生。"

第二种标准的模式是问候语＋双方完整的姓名。比如，"您好！我是×××，劳驾您帮我转接一下×××。"

记得说话的时候一定要让礼貌用语成为个人的一种语言习惯，粗声大气、呼来喝去、出言无状的表达习惯会破坏谈话的氛围，增加转接的难度，而语言得体、文明礼貌的表达方式更容易获得别人的好感，以便达成自己的目的。

2. 通话中常用的礼貌语。

对方拿起听筒后，首先应该送上一句亲切的问候。另外，电话销售员还应该注意，在电话中只询问别人，不报出自己是不礼貌的。如果需要讲的内容较长，可以问一句："现在与您谈话方便吗？""对不起，我需要打扰您××分钟。"如果听不清前台讲话时，一定要礼貌地补充一句："不好意思，可否麻烦您再重复一遍？"或者"不好意思，可能我这边信号不太好，请你大声一些！"

在通话时，如果出现什么特殊情况导致电话中断，销售员应该有礼貌地再拨打一次，拨通以后，需稍做解释，以免对方生疑，以为是打电话者不高兴挂断的。

当然了，销售员在与前台沟通的时候，也要注意自己的语音、语调以及说话的态度，不可一边打电话，一边和旁人聊天或者吃东西，这种心不在焉的行为也是一种对人不尊重、不礼貌的表现，销售员一定要杜绝。

3. 礼貌的结束语。

待通话结束后，记得用"再见""谢谢"等恰当的结束语给谈话画上一个完美的句号。

口才训练2：用攀亲带故式的口吻交谈

通常来说，前台或秘书对待不同身份的打电话者的态度是不一样的。所以，聪明的电话销售员通常会把自己的身份"乔装打扮"一番，摇身一变，变成上司的熟人或者某某品牌公司的合作者，这种攀亲带故式的交谈可以起到"狐假虎威"的作用，从而也能够顺利地争取到前台或者秘书的合作。

口才训练

电话销售员："喂，给我接一下老张。"

前台："您说的哪个老张？"

电话销售员："就是你们采购部的张经理啊。"

前台："麻烦您先告诉我一下您是谁，找他有什么事儿？"

电话销售员："我是他的老朋友啊，我们很久都没碰面了，今天正好有点事儿，想找他聊聊，你赶紧给我转接一下。"

前台："您稍等，我马上都您接过去！"

……

口才训练解读

俗话说，人靠衣装马靠鞍。如果电话销售员以一个领导"老熟人"的身份通话，那么前台的服务人员对其的热情程度肯定不能和陌生人相比。试想有谁愿意得罪一个和领导沾亲带故的人呢？俗话说，要拔房上草，需看房下人。前台如果拔掉"房上草"，也就等于得罪了房下人。

口才训练中的电话销售员就深谙此道，所以他才会以一个领导老朋友的身份自居，从而使得自己免去了前台盘根问底的麻烦，顺利打通了目标客户的电话。

技巧解析

电话销售员要想说动前台转接电话，不妨使用以下两种"攀亲带故"式的交谈。

1. 巧用身份和目标客户扯上关系。

销售员要想和公司领导人通上电话要冲破重重阻碍，有很大的难度，尤其是以一名电话销售员的身份请求转接，被前台挂断电话的概率几乎高达100%。因此，电话销售员要想跨越前台或秘书，就要懂得隐藏身份，利用攀亲带故的方式变身领导的老朋友或者亲眷，这样就会提高自己在前台心目中的位置，进而提高电话转接成功的概率。

2. 利用名企光环，提升自身企业的形象。

假如销售员所在的公司是一个名不见经传的小公司，那么报上公司的名称未必能让自己顺利找到关键负责人。但是如果是一个知名度很高的企业要求转接，那么前台或者秘书的重视程度肯定会得到显著提高。因此，和有名望的企业攀亲带故也未尝不是一个好主意。

比如，销售员可以这样说："我们公司是联想、创维、格力等知名企业的合作伙伴，现在我们有一些业务上的事儿需要和你们张总谈一谈，麻烦你叫他接一下电话……"这样的沟通技巧，既没有增加一分钱的成本，又提升了自己和公司的形象，同时还轻易找到了目标客户，销售员何乐而不为呢？

口才训练 3：放低姿态，言辞恳切地寻求帮忙

俗话说，人在屋檐下，不得不低头。有的时候，电话销售员要想通过前台或秘书找到关键负责人，还需要放低姿态，以一个求助者的身份言辞恳切地寻求帮忙，这样也不失为一个突破阻碍的好办法。

口才训练

电话销售员："您好，是××公司吗？"

秘书："是的，请问您有什么事情吗？"

电话销售员："我是××科技有限公司的小静，请问您怎么称呼？"

秘书："我姓刘，是公司的行政秘书。"

电话销售员："原来是刘秘书啊，王总经常跟我提起他有一个长得漂亮且精明干练的女秘书，想必就是您吧？"

秘书："呵呵，您过奖了！请问您有什么事儿吗？"

电话销售员："刘秘书，我有急事需要马上与王总联系，能冒昧地请求您帮一个小忙吗？帮我把电话转给王总，有劳了！"

客户："哦，这样啊，稍等，我这就为你转接。"

电话销售员："好，谢谢！"

口才训练解读

当接电话的不是关键联系人，而是公司的前台或秘书时，电话销售员也能够使其帮助你牵线搭桥，关键要看你的话是否能够打动她们。

在上述口才训练中，电话销售员接通的虽然是秘书，但通过使用"冒昧请求帮忙""有劳""谢谢""漂亮""精明干练"等一系列言辞恳切且具有赞赏意味的词汇，轻易地获得了和关键联系人通话的机会。因此，用求助来达到目的不失为一种好办法。

技巧解析

电话销售员在请求公司前台或秘书转接电话的时候需要注意以下几个事项。

1. 端正自己的态度。

在寻求别人帮助的时候，电话销售员一定要放低自己的姿态，通过礼貌的寒暄、认真的倾听给对方留下好印象，最后再发出诚恳求助的信号。一般这个时候，转接成功的概率会非常高。因为转接电话不过是她们的举手之劳，只要和公司有合作需要的且对自己没有什么负面影响的，估计谁都愿意为一个真心请求帮助的人提供一个小小的方便。

2. 用适度的赞美来获取转接的机会。

生活中，人人都喜欢听到赞美。可以说，渴望他人的赞美是人的天性。一个擅长赞美别人的人总能够获得更多的机会，销售过程中也是如此。所以，当销售员的电话打到前台或者秘书手中时，不妨抓住人性的这个"软肋"，用赞美来获得通话许可。

比如，电话销售员可以这样说："原来是宋助理啊，经常听张总提起你，工作能力非常出众，而且说话声音还这么甜美，人肯定长得也特别好看吧，怪不得深得领导赏识呢！"接电话者在这些"甜言蜜语"的包围下，相信一定会喜出望外，心花怒放的。如果此时销售员能不失时机地提出诚恳的请求，相信开"绿灯"的机会就大大增加了。

但需要注意的是，赞美也不要太频繁，否则难免让前台或者秘书觉得你在虚与委蛇地敷衍。另外，赞美也要抓住对象的具体特点，以一种自然而然的方式表达出来，否则对方会对销售员的信任大打折扣的。

3. 循序渐进地寻求帮助。

电话销售员在向前台或秘书提问时，最好不要一次提出过多的问题，否则很容易引起对方的反感。最好的办法是将你要提的问题分成若干个小问题，依次提出来。

人们在做事情的时候，一般都遵循"先易后难、逐个击破"的原则。所以销售员最好先抛出一个简单的问题，比如询问对方所在的部门、所负责的领域等。基于惯性思维，对方也会乐意回答你的第二个问题。那么，接下来销售员就可以提出一些层次比较高的要求，比如帮忙转接电话，或者是索要部门负责人的联系方式等。

口才训练4：说话增加一丝神秘感，迫使其避而远之

在人们的正常观念中，一个人的隐私是需要被尊重的，即便潜伏在人性当中的"好奇心"自古有之，但是大家都会受道德观念的约束，对别人的隐私避而远之。因此，经验丰富的电话销售员在碰到前台或秘书的阻拦时，会把话故意说得神神秘秘，好像这只是他与上司之间的隐私一样，不可触碰，最终前台或秘书无奈，只得自动放行。

口才训练

电话销售员："帮我转接一下你们的李总。"

前台："请问您是哪位？找李总有什么事情呢？"

电话销售员："这是我们之间的私事，你帮我找一下他就可以了。"

前台："您方便跟我说吗？"

电话销售员："您觉得呢？"

前台："嗯……那好吧，您稍等，我马上帮您联系他。"

因为前台起着"过滤器"的作用，所以她们身上总是有一股"打破砂锅问到底"的精神，不弄清楚是不会罢休的，这就给电话销售员寻找目标客户造成一定的困难。针对这种情况，有一个很好的解决办法，电话销售员不妨一试，那就是借用私事的名义给交流增加一丝神秘感，这样前台或者秘书便会因为隐私问题避而远之，乖乖地把电话转交给真正的联系人。

在该口才训练中，这名电话销售员正是以找李总谈私事为借口才打通了前台这一关。尽管"嗯……那好吧"说得有些不情不愿，但涉及领导的私事，前台确实也不能不有所顾忌，只好无奈地把电话转了过去。

销售员借助神秘感闯前台关的时候应该有哪些注意要点？

1. 话语简明扼要，且不要说透。

在给前台或秘书制造神秘感的时候，电话销售员最好不要与前台过多地周旋。只一句"我有些私事要和你们老总谈"就足够了。过多的解释只会使谈话内容变得啰里啰唆，失去应有的神秘感。

尊重别人的隐私是每个人应该具备的基本素质，更何况是公司的行政人员。言简意赅的表达让他们觉得这是领导不可触碰的禁地，所以会自动回避，电话销售员也会因此而轻松地越过前台电话的障碍。

2. 营造神秘感要因人而异。

有一条船因为发生故障即将沉没，但所有的乘客都不愿弃船而去，这时船长走过去一番劝说，所有乘客纷纷跳下了水。有人惊诧地问船长："你是怎么做到的？"船长回答说："我对英国人说，作为绅士，他们应该做出表率——于是英国人全都下去了；我对法国人说，那是很潇洒的——于是他们也都跳下去了；我对德国人说，这是命令——于是他们也跳了下去……"

这位船长的聪明之处在于他能够因人而异，根据事物的固有特性，找到最适宜的方法与策略。同样的道理，电话销售员要想突围成功，也要懂得将这份神秘感灵活运用。

口才训练5：用威胁性的语言"杀"出一条"血"路

从事过电话销售的人也许对这样的经历并不陌生：当你十万火急地找到前台，告诉她自己与高层管理者有要事相商时，她们一般都会"放行"。这段经历可以得出一个启示，如果你能让前台认识到某件事非常重要并且这件事情并不是她能够解决的，你就能迅速越过这层障碍，找到你想要找的人。

所以说跨越前台并非什么难事，电话销售员缺的或许仅仅是一点谋略和勇气。倘若你能换个角度思考，多向前台或秘书强调事情的重要性，暗示或直接指出你要做的事是她们无权做主的，必要的时候使用一点威胁性的语言，或许她们就真的能知难而退。

口才训练一

电话销售员："您好，麻烦帮忙转接一下张总。"

前台："请问您怎么称呼？"

电话销售员："我是赵涛，是张总的一个合作伙伴。"

前台："哦，不好意思，张总现在没有时间，您找他有什么事情吗？"

电话销售员："我们和贵公司有个合作的项目，当中出了点问题需要和他商榷一下。"

前台："既然这样，我建议您手机和他联系。"

电话销售员："能麻烦您告诉我一下他的手机号码吗？"

前台："不好意思，张总的手机号我不方便透露给您。"

电话销售员："小姐，事情分个轻重缓急，你不要在这个关键时候为难我好不好？这么重要的项目，这样重要的合同，万一有个差池，您能负得起这个责任吗？"

前台："哦，那好吧，张总在公司，我马上帮您转接。"

口才训练二

前台："您好，××科技有限公司，请问您是哪位？有什么事情吗？"

电话销售员："您好，我是××公司的张涛，麻烦转一下杜非杜经理。"

前台："杜总暂时有事，能方便透露一下您找他有什么事儿吗？"

电话销售员："非常重要的事情。"

前台："麻烦您再详细说一下，看看我能为您做点什么。"

电话销售员："这个恐怕超出了你的职责范围了。"

前台："我想您可能有点误会，只是如果我能处理的话就不必烦扰我们经理了。"

电话销售员："我要和你们经理谈的是价值百万生意的签单问题，你能替他签吗？"

前台："好吧，您稍等，我立刻为您转接。"

口才训练解读

跨越前台对于电话销售员来讲是一件难度系数很高的事情，尤其是碰到警惕性较高的前台的时候，更需要销售员斗智斗勇，方能冲破障碍，顺利接近关键联系人。在中国人的传统观念里，讲究"儒表法里，外儒内法，软硬兼施。"既然平和的交流无法达成目的，那么销售员不妨软硬兼施，以自信的态度和足够强硬且适当的语气来威胁一下前台，以迫使她作出妥协。

在口才训练一中，这名电话销售员就是在说话过程中突出了事情的重要性，同时用一句"万一有个差池，您能负得起这个责任吗？"的威胁之语避开了前台的仔细盘问，从而成功地转接到了目标客户。

从口才训练二的表述中可以看出，前台对于这个自称是张涛的人很显然充满了防备，对转接的原因也想了解得清清楚楚，否则不打算"放行"。为了找到突破口，机智的销售员以强硬的态度让前台意识到这件事并非她所在的职位能够解决的，从而获得了与关键联系人交流的机会。

技巧解析

电话销售员在用威胁的语言突破前台时可以采用如下的一些沟通技巧。

1. 突出自己的身份地位。

一般情况下，前台接起电话时，首先要问的就是来电者的身份和姓名，电话销售员在回答的时候，如果自己的职务比较高的话，最好突出自己的身份地位，如"我是××生物科技公司的钱经理"，这样可以给对方一定的威慑力，使得其不敢轻易懈怠自己转接的要求。当然，这样的回答必须是实事求是的，否则一旦被戳穿，将会给以后的销售工作带来负面的影响。

2. "狐假虎威"，用其他人的身份威慑前台。

倘若前台对电话销售员的身份并不在乎的话，那么你不妨采用上司朋友、合作伙伴、亲友之类的身份做自我介绍，借助"老虎"的威风，前台自然不敢怠慢你的请求。

3. 威胁需要一定的自信心。

面对警惕性很高的前台，电话销售员一定要镇定自若，信心十足。你说话的语气越坚定，对方的情绪越容易被影响，从而按你的指令行事。比如，"你转过去就可以了""我直接跟你们经理谈"，这样命令式的、底气十足的语气很容易震慑到对方。

4. 强硬的语气让你事半功倍。

电话销售员如果针锋相对，一副不好应付的态势，前台自然会因为你的强硬态度而有所忌惮，从而做出让步。比如，像"这件事情不是你应该过问的""这么重要的事情耽误了你能负责吗"这样的说辞能够很好地挡回前台追根究底式的盘问。当然，能否成功跨越前台这道障碍，关键就在于施加压力的技巧和程度，所以销售员在电话沟通的时候还要好好注意一下自己的语气和态度，把握好分寸。

5. 突出电话事关重大。

拦截销售电话是前台的本职工作之一。因此，电话销售员要想打开突破口，必须先让前台认识到电话事关重大，如果不予转接的话可能会给公司造成严重的损失。例如"这是一件事关公司千万利润的大事""这个上万元的订单，你能做得了主吗？"这些都是对付前台的有力武器。

6. 突出事情的急迫性。

如果电话销售员告诉前台你的事情迫在眉睫，而前台又无能为力，那么她只得乖乖地为你把电话转接到相关联系人那里。比如，"都到了这个节骨眼上了，我必须找你们经理商谈一下，赶紧转过去，否则耽误了，谁也负不起这个责任"，对方听到这样的话多半会乖乖转接过去。

突出事情的紧急性虽然是个绕过前台阻挠的好办法，但使用这样的技巧时也需要注意：当电话销售人员在说事情很紧急的时候，语气也必须应时应景，配合到位，慢条斯理、不慌不忙的语言表述是无法取得前台的信任，更加无法引导其做出你想要的选择。

7. 以沉默的气势压倒对方。

有时候，沉默也是一种高明的技巧，默而不语通常会给人造成一定的压力。因此，电话销售员不妨尝试以沉默的气势压倒对方，说不定这样可以有效绕过前台设置的第一道障碍。面对你的沉默，前台可能将你的身份以及目的神秘化，从而及时地为你转接。

口才训练6：巧借回电，用善意的谎言掩人耳目

企业设置前台其中很重要的一个作用就是放进去可以进去的电话或者人，阻挡住不应该进去的电话或人。电话销售员想要轻松地闯过公司前台这一关，有的时候仅仅靠真诚和执着是无济于事的，必要的时候还需直接避开销售的本意，开动脑筋，找个恰当的理由。借口之前与其上司通过电话，"现在还有要事需要商榷"的沟通技巧不失为一个反客为主的好方法。

口才训练

电话销售员："您好，请问这里是 ×× 公司吗？"

前台："是的，请问您贵姓？有什么事儿吗？"

电话销售员："帮我转一下老冯。"

前台："您说的是冯总吧，请问您是哪位？"

电话销售员："刚才我们俩正在电话里商谈合作的事儿，突然通话中断了，可能是他手机没电了，也有可能是信号不好，我现在需要用固定电话给他

回过去。"

前台："哦，是这样啊，我建议您过段时间再拨打一下试试。"

电话销售员："不行的，我们商谈的这个项目万分紧急，要是耽误了，双方都会有利益损失的，所以麻烦你赶紧帮我转一下电话吧。"

前台："好吧，您稍等，我马上为您转接。"

口才训练解读

在电话销售中，遇到前台的阻拦时，最好的"挡箭牌"就是具有决策权的客户。因为他们才是销售员拨打电话的主要动因，更是突破前台的关键所在。而在突破前台的过程中，电话销售员可以利用这一关键因素，假装自己之前与客户通过电话，之后再借用回电的由头获得前台的信赖，从而没有后顾之忧地"冲锋陷阵"。

上述口才训练中的电话销售员就是这一迂回战术的亲身实践者，首先他用回电事由获得前台的信赖，其次又用合作项目的紧急性促使前台为其转接到目标客户的电话。整个过程一气呵成，顺理成章，值得借鉴。

技巧解析

电话销售员在巧用回电跨越前台的过程中需要注意哪些事项？

1. 把球抛回给对方。

当电话销售员打电话到一家公司要求帮忙转接目标客户时，前台或秘书往往会盘根究底，询问转接的缘由。这个时候如果直接说出推销的目的，恐怕十有八九被这些把关者直接卡在门外。

聪明的电话销售员往往懂得使用迂回战术，直接将球重新抛给对方："他打电话找我，我也不知道有什么事，就给回过来了。"听完这个理由，相信没有哪个前台或秘书敢怠慢关键联系人的电话请求。

2. 将理由具体化，以建立前台的信任。

电话销售员在利用回电突破前台时，如果仅仅说一句"我给你们经理回个电话"，恐怕很难获取前台的信任。这个时候，大家就要懂得将理由说得更具体些，将专业术语多说一些，这样前台就会相信这个电话确实事关公司的利益，确实是一个老总必须接听的电话。

比如，销售员可以这样说："你们经理之前和我讨论过一份关于××的协议，现在我需要给他回个电话确认一下，但刚刚他的手机处于关机状态，麻烦你给转接一下他办公室的电话。"或者也可以这样说："刘经理说想要了解我们公司的产品，希望我给他一些详细的信息，今天我特意打电话过来，麻烦你给转一下。"

口才训练 7：跨越障碍，当心这些语言雷区

前台或秘书相当于是一个企业的门面和过滤器。电话销售员要想找到关键联系人，首先要跨越这一层障碍。通常来讲，冲破这道关卡有很多的语言技巧，当然也有很多的语言雷区。电话销售员一定要懂得绕开这些雷区，否则很难联系到目标客户。

沟通雷区一

电话销售员："您好，我想找一下贵公司的李总。"

秘书："他不在，有什么事情您告诉我就行，我帮您代为转达。"

电话销售员："哦，是这样的，我们公司新推出一个 ×× 保险方案，非常适合贵公司，我想跟李总推荐一下。"

秘书："哦，对不起，对于任何形式的推销我们公司拒不接受。"

沟通雷区二

电话销售员："刘小姐啊，哇！您的声音真悦耳，想必您本人长得也一定很好看吧。这种大型企业里的人就是不一样，像刘小姐这样年纪轻轻就事业有成，真的很让人羡慕。"

前台："什么啊？有事赶紧说事。"

沟通雷区三

电话销售员："听您的口音，您是山西人吧？"

前台："对呀，怎么了？"

电话销售员："哎呀！您真是山西人啊，我是山东人啊，一个山的西面，一个山的东面，也算是半个老乡，以后一定要互相照顾啊。"

前台："山东和山西隔得那么远，什么半个老乡啊？有什么事儿你赶紧说。"

口才训练解读

电话销售员在请求前台、秘书人员给予和领导沟通的机会时，一定不能过于老实，诚实的暴露你的销售意图很容易遭到拒绝，因为她们的职责就是过滤销售电话。如果这时候电话销售员以诚相待，就是自己往人家的枪口上撞。沟通雷区一中的销售员就是犯了这样的错误，以至于失去交流的机会。

当然除了太过"诚实"，电话销售员还应该恰如其分地使用赞美之言，沟通雷区二中的电话销售员就是因为赞美不当引起前台反感的。前台本来是一个很普通的职位，怎么能称得上是事业有成呢？

恰当的言辞可以收获理想的效果，不当的言辞会招来客户的不满。沟通雷区三中的电话销售员也犯了言辞不当的错误，他把"山东人"和"山西人"当作半个老乡，这样套近乎的言辞过于牵强，目的性太明显，所以才引得前台不悦。

技巧解析

除了上述沟通雷区中的几个禁忌之外，电话销售员在和前台或秘书沟通时也要注意以下几个要点。

1. 忌说话低声下气。

推销不是一份卑贱的工作，它是一种建立在等价基础上的公平交易，因此电话销售员没必要自降一等，低声下气地请求，这样会让对方更加厌恶。

比如，"求求您了，好吗？您帮我把电话转接过去吧，我一定要跟王总谈一下，求您了！"

一般来讲，最正确的做法是保持客气礼貌，不失自信、不粗鲁、有底气的对话，这样才能赢得对方的尊重。

2. 忌对客户了解不足，随意捏造身份。

有的电话销售员对客户一无所知，为骗过前台的追查，假装自己是客户的合作伙伴或者亲戚朋友，殊不知客户所在的公司根本没有这项合作业务或者根本没有这样一位亲戚，这样的谎言被戳穿之后，电话销售员肯定就没有交流的机会了。

3. 忌让前台转接一些敏感部门。

一般来讲，一个公司最为敏感的部门就是与财务相关的部门了。如果电话销售员以合作尚未打款的名义蒙混过关的话，很容易穿帮。对方一旦询问具体购买的产品，以及你的公司名称的话，电话销售员很难自圆其说。

第二章　精彩开场白，攻破客户的心理防线

对于任何一名电话销售员而言，成交与否很大程度上取决于与客户最初接触的30秒，而这30秒的第一印象一旦形成则很难改变。那么如何给客户留下好的印象，以博得他们的好感，引起他们的兴趣，从而有利于接下来的推销工作？其实除了声音的魅力外，还需要一个精彩的开场白。

一般来讲，电话销售员要在开场白中向客户传达出三个信息：所代表的公司、打电话的目的、产品能给客户带来的好处。那么，开场白怎么设计才能传达出这些信息，并且攻破客户的心理防线，激发他们的购买兴趣呢？本章就围绕这些问题为大家展示一些常用的开场白方式和技巧。

口才训练1：自报家门有诀窍，客户听得乐陶陶

作为一名电话销售员，在给客户初次拨打电话的时候，首先要通过开场白让其了解到你的身份、姓名以及打电话的目的。不过在自报家门的过程中，如果只是毫无新意地向客户表明"我是××公司的电话销售员×××"，多数会引起客户的反感而遭到拒绝，因为人们对推销普遍都有一种抵触情绪。因此，优秀的电话销售员在自报家门时都懂得使用一定的诀窍，让人耳目一新的开场白更能留住客户的心。

口才训练一

客户："您好，××公司，请问哪位？"

电话销售员："您好，我是××公司的周华，周润发的'周'，刘德华的'华'。"

客户："呵呵，这名字还挺大牌的，说说吧，给我打电话有什么事儿？"

电话销售员："大哥，我今天打电话是想给您介绍一下我们公司最新推出的一款新产品……"

口才训练二

客户："你好，请问哪位？"

电话销售员："您好，李先生，我是××保险公司的业务员，请问您需要买保险吗？"

客户："不需要，最烦你们这些卖保险的，一天到晚打电话骚扰我！"

电话销售员在自报家门的时候主要包括本人的姓名、所属的公司、担任的职务这三个内容。这三者相辅相成，缺一不可。口才训练一中的销售员在自报姓名的时候采用的是释义法，也就是对自己的名字做了一番字面上的巧解，而这一番巧解加强了对话的趣味性，从而使客户乐于和销售员谈话。

而口才训练二中的这名电话销售员在报职务的时候表现得很"实在"，没注意到说话的艺术，吃了个"闭门羹"。由此可见，销售员在介绍自己职务的时候，最好将"销售员"三个字替换掉，因为这样很容易引起客户的抵触情绪。如果同样的意思，表达为"您好，×先生，我是××保险公司的理财顾问，有些投资方面的问题想向您咨询一下，可不可以耽误您两分钟的宝贵时间？"相信会更容易让客户接受。

通过两者的对比，我们不难发现，"销售员"和"理财顾问"这两个称呼给客户的心理感受是不一样的。"销售员"这一称谓的侧重点在"卖"东西，并不顾及他人的感受，可能会激发客户的防御心理。而"理财顾问"则是一个非常专业化的称谓，客户也会觉得更受尊重。另外，前者急于"卖"保险的心态，和后者向客户"咨询""虚心求教"的低姿态也构成了鲜明的对比。孰优孰劣，电话销售员仔细琢磨体会，就能明白其中语义的千差万别。

为了让客户卸下心里的戒备，激发进一步了解的兴趣，电话销售员在自报家门的时候需要注意以下几个要点。

1. 报自己的姓名时措辞要新颖。

与客户初次交流时，要力求简洁，避免繁杂冗长。一般自我介绍的时间通常以30秒为宜，如果没有特殊情况，最好不要超过1分钟，否则会让客户失去继续听下去的耐心。

此外，为了加深客户的记忆，电话销售员可以在姓和名之间巧妙地加上注释，这样不仅能让客户记住你的名字，还能体现自己的文化素养和口才水平。另外，初次通话最忌讳说"我是小李""我是小王"之类的介绍，这样会模糊客户对你的印象。

2. 职位名称专业化。

电话销售员在自我介绍的时候，可以将自己的称谓专业化，比如，保险销售员可以称自己为"理财顾问"，房屋中介人员可以称自己为"房产经纪人"，会展销售人员称呼自己为"会展策划师"，其他行业的最常用称谓是"客户经理"。这样比"销售员"的说辞更具说服力。如果担任较高职务，最好报出来，以便在介绍产品时赢得客户的信任。

3. 自我介绍要注意语音语调。

为了给客户留下一个好的印象，电话销售员说话的时候语气要自然、语速均匀、吐字清晰，确保信息能准确无误地传递给客户。

口才训练2："故意找碴儿"，巧妙设局

"刘经理，您好，我是海虹公司的张伟，一直想拜访您，今天给您打个电话。我可是您公司产品的忠实用户，我一直在用你们的产品，我发现产品有个问题……"当刘经理听完问题做出解释后，张伟接着说："哦，是这样啊，我明白了。谢谢您。不过，我还有一个问题，听说您公司需要……，我们海虹公司正好生产，质量口碑都很好，天玺公司的张总、简捷公司的吴总都是我们的客户，用我们的产品……价格优惠……"

在电话里用这样的开场白，就是一种"故意找碴儿"的搭讪方式。张伟先把自己由销售人员变成对方的客户，并提出问题，让对方无法马上挂电话推

脱。然后展开沟通，最后巧妙地把对方引入推销的情景之中。

这个故事里面其实涉及一种很自然的搭讪方法。这种"故意找碴儿"式的搭讪不仅不容易引起当事人的怀疑，而且能够很好地消除当事人的戒备心理，所以值得广大电话销售员借鉴一番。

当然，"故意找碴儿"在此处绝对不含贬义，这是电话销售员在开场白中应该关注的一个技巧。相比寻常的开场白，这种方式具有一定的"偶然性"，容易让客户卸下心防，从而敞开心扉，畅所欲言。在现实操作中，电话销售员可以使用"故作熟悉"和"意外邂逅"这两种方法来找客户的"碴儿"。

口才训练一

电话销售员："张姐，您好，我是××保险公司的理财顾问×××，好久不联系了，最近还好吧？"

客户："还好，不过我好像不认识你。"

电话销售员："呵呵，张姐，您可真是贵人多忘事啊，我是×××啊，您可能事儿太多，把我给忘了，不过忙归忙，您可得注意自己的身体啊！健康第一，工作第二，呵呵……感谢您对我们保险产品的信任，根据监管的要求，我想对您做一个简短的电话回访，可以吗？"

客户："你可能搞错了，我并没有买过你们的保险产品。"

电话销售员："哎呀，实在抱歉，可能是我搞错客户回访档案了，真是不好意思！不过，既然认识了，说明咱们俩很有缘分，能不能打扰您一两分钟的时间，听听我给您介绍一下我们的产品呢？"

客户："嗯，还别说，我最近正有买保险的打算呢！我女儿渐渐长大了，我想给她买一份教育险。看你对客户这么负责，就给我介绍一下吧！"

口才训练二

电话销售员："×小姐，您好，我是××保险公司的业务员××，您的保险回执单很快就到了，请您这几天留意电话，及时查收。"

客户："什么？我根本就没买过保险，哪儿来的回执单啊？"

电话销售员："不会啊，您的地址是××路××小区×楼×号，您5月20日在我们这里签的保单啊。"

客户："你弄错了，我不住那儿，也没跟你们签过什么保单。"

电话销售员："不会吧，难道是我把电话号码拨错了？真不好意思，那能冒昧地向您咨询个问题吗？"

客户："可以，你问吧。"

电话销售员："您对现有的保险公司及其产品有关注吗？"

客户："我前几年买过一份保险。"

电话销售员："如果您再次购买保险，您会购买哪类保险？"

……

口才训练解读

中国有一句古话："欲致鱼者先通水，欲致鸟者先树木。"很多时候，条件成熟并不意味着销售员就可以静待时机，守株待兔，发挥主观能动性，积极创造条件才是一个优秀销售员最基本的职业素养。也许销售员突如其来的开场白可能会让客户闭门塞户，在心里拉起警戒线，但是如果你能思维活跃，故意向客户找个"碴儿"，使他巧妙打开话匣子，也许他就能卸下心防，愉快地开始你们的电话沟通。

口才训练一中的销售员为了让客户更容易接受，首先宣称认识客户，待客户否认时，销售员又故意说明对方曾购买过自己的产品，使得其产生澄清事实，为自己辩白的冲动，同时给客户展示了服务周到的一面。待到事情水落石出，销售员又假装误打误撞，缘分使然，既给双方的交流互动找到了一个话茬，又给客户留下了好印象，同时，还把话题顺利地引到保险产品上，真可谓一举多得。

口才训练二中的电话销售员先故意"找碴儿"，给客户制造问题，让客户在一种急于脱离麻烦的状态中开始对话。随后销售员通过核对所谓的地址巧妙地将这桩客户买保险的事儿化为无形，等到将这个本来就不存在的事情解决后，客户会获得心理上的放松，电话销售员就可以把握住这个机会，向客户介绍自己的产品了。

技巧解析

电话销售员不可不知的"找话碴儿"攻略。

1. 所找的话碴儿要与产品相关联。

销售员找话碴儿的最终目标还是要销售产品，所以在抛出一个"是非"打消客户顾虑的同时，也要记得让自己的产品多多少少和"是非"扯上一点关系，这样才能把话题自然过渡到产品销售上去。

2. 找话碴儿切记语气自然。

电话销售员在"故意找话碴儿"的过程中要把握好尺度，对于"没有的事儿"要表现得真实、自然，语气切勿生硬，或者紧张，否则只会让客户觉得你有做戏之嫌甚至产生被欺骗的感觉。这样你不仅无法顺利销售，还会被贴上一个"骗子"的标签。

口才训练3：用"第三者"的嘴拉近双方的距离

中国有一句古话叫："不看僧面看佛面。"中国人非常注重人情世故。因此，在开场白中，电话销售员完全可以利用"第三者"这个人情来达到拉近自己与客户距离的目的。

以"第三者"来撬动客户其实是一种迂回战术，电话销售员在使用这种方法的时候首先确保你可以使用"第三者"的名字，并保证潜在客户认识这位"第三者"，而且"第三者"的地位要与潜在客户地位相当，甚至要高出一些才会更有说服力。

口才训练

电话销售员："您好，是王经理吗？"

客户："是的，你是哪位？"

电话销售员："我是××公司刘总的朋友，我叫××，是他介绍我认识您的。前几天我和刘总刚刚联系过，在电话中他说您是一个精明干练、能力出众的女强人，他一直都非常欣赏您的能力。所以，在我打电话给您之前，他叮嘱我务必要向您问好。"

客户："哪里哪里，不敢当，呵呵。"

电话销售员："实际上我和刘总既是生活中的好朋友，又是生意场上的好伙伴。一年前我们达成了一笔交易，他从我们这儿购买了一批设备，这批设备自从投入生产后，公司业绩就提高了20%，在验证效果之后他觉得您也许对这批设备感兴趣，所以让我今天务必给您打个电话。"

客户："果真这么高效吗？关于这批设备，你帮我详细介绍一下。"

口才训练解读

电话销售中，客户一接触到陌生的销售电话，内心肯定会充斥着不安全感和警惕感，但是如果开场白中有了双方都认识的"第三者"这个"杠杆"，无形中就会解除客户的这些负面情绪，从而有力地拉近你与客户的心理距离。口才训练中的电话销售员就给广大同行朋友做了一个很好的开场示范，很快赢得了客户的信任。但是反过来说，假使没有这个彼此认识的刘总，这位客户就很有可能会排斥电话销售员的推销行为，从而给销售带来不小的阻力。

技巧解析

电话销售员在运用"第三者"做开场白的时候需要注意哪些问题？

对于电话销售员来说，有效运用"第三者"的力量可以给后续的销售工作奠定一个良好的基础，但这种方法如果使用不当，很有可能带来销售上的失败。以下便是一个失败的口才训练。

电话销售员："您好，是刘经理吗？"

客户："是的，哪位？找我有什么事儿吗？"

电话销售员："您好，刘经理，我是丹丹，××保险公司的，是您的朋友××介绍我打电话给您的，我们是一家国内领先的综合性保险公司，他让我打电话给您，问您是否有购买保险的需求？"

客户："对不起，我暂时没有买保险的打算。"（挂断）

俗话说，心急吃不了热豆腐。上述销售员的表现就有点急于求成了，所以才致使她不仅失去了客户，而且也丢掉了人情。因此，在使用"第三者介绍法"作为开场白时，务必要注意以下几点。

1. 首先说明与介绍人的关系。两者的亲疏直接关系到客户对销售员的态度。

2. 传达介绍人的赞美和问候。每个人都喜欢听赞美的话，恰如其分的赞美和问候可以快速拉近销售员和客户之间的心理距离。

3. 公司的产品得到了介绍人的肯定。这是一份最具说服力的产品证明，只要产品真的获得介绍人的认可，那么客户的信任度也会急速上升。

4. 切忌在客户还没有了解自己与介绍人的关系之前就介绍产品。至于这种做法的危害，上面的例子就很好地给大家体现出来了。

口才训练4：用"家长里短"减轻客户心理防备

著名心理学家马斯洛认为，安全感是人类要求保障自身安全的需要，也是仅次于生理需要的人类必须满足的基本需求。一般客户接到销售员的电话，大多都有害怕上当受骗的心理，因此安全感成为客户的第一购买需求。

为了解除客户对自己的戒备心理，电话销售员最好不要在沟通一开始就直截了当地说明自己的销售意图。有经验的销售员通常会从"家长里短"开始谈起，慢慢减轻客户的防备心理，直到时机成熟时才引导客户参与到推销活动当中。

口才训练

电话销售员："您好，阿姨，今天天气可真好啊，而且听您说话的语气充满了欣喜，隔着电话我都能感觉到您心情很好呢！是不是有什么值得高兴的事呀？"

客户："小伙子，你可说对了，我刚刚接到医院打来的电话，我女儿刚生了一个胖小子，这下家里可有得乐了。"

电话销售员："那真应该好好庆贺庆贺，恭喜您女儿喜得贵子，您现在已经荣升为外婆了！"

客户："是啊，这段时间我得好好给我外孙准备几件漂亮的衣服……"

电话销售员："……"

口才训练解读

在初次电话接触的过程中，客户很容易对销售员产生戒备心理。这个时候，若是销售员急于求成，迫不及待地给客户推荐产品，那么很有可能会将客户越推越远，因为他们出于自我保护的意识，并不能建立起对你的信任。此时，不少销售员会陷入一个认知的误区，他们觉得客户之所以产生戒备主要是由于自身产品的问题，产品没有一点知名度，客户提出质疑也很正常。当然了，还有些销售员认为，是客户本身的心理问题，自己在推销产品的各方面都表现得很优秀了，不用理睬这些客户。

如果销售员在与客户接触之初就抱有这种错误的想法，那么后面的推销肯定不会朝着良性的方向发展。一般聪明的销售员在遇到问题时，都懂得积极寻求应对之策，而非一味地找客观原因，推卸责任。

正如口才训练中的销售员一般，为了突破客户的心理防线，在开场的时候故意避开销售的话题，从一些和产品无关的家长里短开始入手，慢慢地客户就在销售员的引导下渐入佳境，畅所欲言，从而为接下来的推销工作开了一个好头。

技巧解析

电话销售员在用"家长里短"做开场白时需要注意哪些要点？

1. 找准"家长里短"的话题切入点。

电话销售员在与客户拉家常时可用天气、饮食等作为开头。当然，销售员还可以将旅行、业余爱好、子女教育、社会热点新闻、科技新发现等作为谈资开启双方之间的交流。待到客户渐渐敞开心扉，对销售员产生初步的信任，销售员便可将推销的产品自然地引入其中。

2. 拉家常的注意事项。

（1）销售员在与客户拉家常应该积极、乐观、正面，切忌向客户传递一些小道消息，否则会给客户留下一些负面的印象，觉得你是一个道听途说，搬弄是非的"小人"。

（2）事先最好对客户做一个初步的了解。俗话说："酒逢知己千杯少，话不投机半句多。"如果销售员对客户的喜好和兴趣有一定的了解，那么就可以从他最感兴趣的话题入手，这样更有利于双方沟通感情，建立信任。

（3）拉家常禁忌敏感和隐私。电话销售员与客户拉家常是不应触碰到客户的个人隐私或敏感的话题。比如，收入、女士年龄、夫妻情感等。

（4）销售员一定要注意"入乡随俗"，谈论的话题应与当地人文、风俗习惯保持一致。把握不准的话题，比如宗教、政治等，尽量避免。

口才训练5：循循善诱，让客户"随大流"

在一个天朗气清的晚上，一群学生站在操场上聊天散步，突然有一个人仰着脖子晃动着脑袋往天上寻看，旁边的人看到他这样做都以为他看到了人造卫星、流星或不明飞行物，纷纷群起效仿。事实上，天上什么也没有，那个人只是脖子有些酸痛，想活动活动筋骨，并不是真的在天上看到了什么。那些跟着仰望星空的人实际上是被从众效应影响了。

从众心理，也就是人们常说的"随大流"。电话销售员可以利用人们的这一常见的心理效应，在开场白中尽情发挥，激发出客户的兴趣，促使客户购买产品。

口才训练一

电话销售员："您好，请问是胡经理吗？"

客户："我是，你是哪位？"

电话销售员："我是××公司的咨询顾问××，我们是一家专注于公司管理和战略调整的咨询公司。我们服务过的公司有……在我们的帮助下，他们的工作效率普遍提升了20%（停顿一下）。贵公司作为业内新生品牌，相信在经营、管理上难免碰到一些力有不逮的问题。我们可以帮贵公司找出原因，制定切实可行的改善方案，并且传授经营管理的理论与科学方法，不知您是否有兴趣听我向您介绍一下我们的具体业务？"

客户："嗯……你说吧！"

口才训练二

电话销售员："你好，请问是王小姐吗？"

客户："是我，请问有什么事吗？"

电话销售员："我是××公司的美容顾问，我们的宗旨是为客户提供优质的护肤产品，××（某名人）就是我们产品的忠实使用者。"

客户："你是说××吗？她可是我的女神啊，她买的是哪种样式的护肤品，也给我介绍一下吧！"

口才训练解读

每一位客户对于自己不熟悉的人或事儿都有一定的戒备心理，谁都不敢做"第一个吃螃蟹"的人。所以，此时的销售员要懂得循循善诱，用其他多个成交事例给客户做一个引导和示范，这样在从众心理的影响下，他也会对电话销售员以及产品产生初步的信赖感，从而为进一步的推销工作奠定一个良好的基础。

口才训练一的电话销售员在开场白中，很简洁地介绍了一下公司的业务，随后一一列举了公司的业务伙伴，以及双方合作的一些成效。之后，电话销售员停顿了一下，这一停顿留出了一段空白，可以让客户充分认识到原来有这么多同行和这个公司合作了，引导着"羊"向"羊群"的行为靠拢，可谓此时无声胜有声。总的来说，这不失为一个成功的开场白。

从众心理有很多的表现形式，"明星效应"就是其中之一。明星代言广告直接或间接地对消费者的心理乃至消费行为有着很大的影响，所以很多商家才会前赴后继，花重金请明星代言自己的产品。

口才训练二中的销售员也是利用客户的从众心理说开场白的，一句貌似不经意的"××就是我们产品的忠实使用者"成了打开客户心理防线的钥匙——原来××是客户的偶像！这样很自然地使客户把对××的兴趣转移到产品上面，从而推进了销售进程。

技巧解析

电话销售员利用从众心理做开场白的时候需要注意以下几个方面。

1. 所列举的人物要与产品有关。

销售员的根本目的是让客户买产品，所以在引导的时候也要将产品和所列举的人物、事迹、经验巧妙地融合在一起，否则就没有任何意义。

2. 说话语气平和，戒骄戒躁。

利用客户的从众心理列举老客户时，尤其是提到一些名人、名企时，语气要平和，切不可带有骄傲或炫耀的意思，否则就会显得轻浮，反而给客户留下不好的印象，从而不利于销售的顺利进行。

3. 遵守职业道德，杜绝弄虚作假。

电话销售员列举的老客户及客户数量不可有欺瞒夸张的成分，尤其是向客户列举知名人物或权威人士时不能任意虚构，否则会降低企业的诚信度，得不偿失。

口才训练 6：谐语连篇，消除客户的陌生感

俗话说，笑一笑十年少，愁一愁白了头。每一个人都喜欢和幽默的人打交道，因为他走到哪里就会将笑声带到哪里。心理学家也认为：幽默是一种最富感染力、最具有普遍传达意义的社交艺术。因此，作为一名电话销售员，不可忽视幽默在销售活动中的作用。

口才训练

客户："您好，哪位？"

电话销售员："您好，我是××保险公司的理财顾问××，我们公司最新推出一款……（被打断）"

客户："最烦你们这些推销员了，昨天就来了好几个推销电话，都被我拒绝了。"

电话销售员："是吗？不过，我长得肯定比昨天的那几位同事英俊潇洒，

您肯定不知道帅哥是怎么推销保险的。"

客户："哈哈，我说这位帅哥，你是准备怎么给我介绍保险呀？"

电话销售员："是这样的，我们的这款保险……"

口才训练解读

善于运用幽默语言创造交流的和谐氛围，是优秀电话销售员必须具备的技能之一。一个幽默的开场白既是智慧的体现，又很容易吸引他人的注意力，同时还可以消除电话销售员与客户之间的紧张感，使整个交流过程轻松愉快，最终促使产品推销成功。

口才训练中的这位电话销售员就是在紧急时刻恰到好处地运用幽默使自己避免了尴尬，同时让客户放松戒备和敌意，快速拉近了双方之间的距离，成功地为销售找到新的突破口。

技巧解析

1. 电话销售员在运用幽默语言开场的时候，需要注意以下几点。

（1）幽默要适度。

在销售中，适当讲一些小笑话，能迅速降低客户对销售员的敌意，促使销售成功。但如果把握不好分寸，则会给客户留下轻浮、不可靠的印象。

比如，某顾客到小餐馆里点了一只鸡，服务员端上来之后，顾客发现鸡的两条腿一条长一条短，于是便问服务员怎么回事。这时服务员想调侃一下，就说："先生，您到底是来吃鸡的呢，还是来和鸡跳舞的呢？"这个没有分寸感的笑话导致顾客火冒三丈，在餐馆里大闹了一场。因此，电话销售员一定要引以为戒，切勿让没有分寸的幽默感惹恼顾客。

（2）要注意幽默的内容。

和陌生客户第一次电话接触的时候，客户出于自我保护的心理，会为后续的销售工作制造一些障碍。此时，销售员不妨用幽默的话语调侃几句，以化解开场的尴尬。但值得注意的是，销售员不可拿客户的一些私人问题说笑，以免引起对方的不快，使他们觉得你不尊重人，从而引起误解和矛盾。

（3）当心幽默冲淡主题。

销售员和客户打电话的目的只有一个：达成交易。有些销售员幽默细胞非常发达，客户也因为他的诙言谐语笑逐颜开，畅所欲言，但这位销售员一开起玩笑来，就将客户的思路越拉越远，最后谈论的话题与产品销售渐行渐远，从而导致交易失败。所以，销售员在用幽默语言做开场白的时候，一定要注意避免犯这样的错误。

2. 电话销售员幽默口才训练。

要想运用幽默，就得先把自己变成一个幽默的人。销售员可以从网络、生活中搜集幽默段子，积累到一定程度，自然就变成一个幽默、睿智、受人欢迎的人了。

一个幽默的销售员，同时也兼具了演员的特质，需要灵活模仿故事中人物说话的语气、神情、动作，夸张一点也无所谓。

铺垫故事的时候不要忘了关键环节，可以把所需推销的产品不知不觉地引入到话题当中来。

学会自嘲也是幽默口才训练的一种方法。有的电话销售员喜欢拿自己开玩笑，制造喜剧效果。日本鼎鼎大名的保险销售之神原一平，就是一位自嘲达人，他经常拿自己1.45米的身高逗客户开心，人们不仅没有嘲笑他的身材矮小，反而，对这位"推销之神"充满了敬仰之情。

口才训练7：恰当赞美，给客户吃一颗舒心丸

喜欢听好话、喜欢被认同、想要被赞美，这是人性使然。因此，绝大部分的客户，只要赞美得当，就很容易建立起信任关系，拉近双方的距离，这是销售行业的普遍规律。有经验的电话销售员通常都很擅长赞美别人，在"甜言蜜语"中开启双方的谈话模式，然后在一片欢快愉悦的交谈氛围中顺利达成交易。

口才训练

客户："你好，这里是××公司。"

电话销售员："您好，我找王总。"

客户："你是哪位？"

电话销售员："我是××公司的销售员××，我想找王总谈谈合作的事情。"

客户："我就是，有什么事情快讲！"

电话销售员："哦，久仰久仰，我早就听××服装厂的张总说，跟您做生意最痛快不过了。他还夸赞您是一位精明干练的女强人。如果能和您这样的人合作，真的是倍感荣幸！"

客户："哪里哪里！过奖了，有什么事儿，咱们慢慢详谈！"

电话销售员："是这样的，我们公司最新生产出一种……"

口才训练解读

赞美是人际关系的润滑剂，适当的赞美不但可以拉近人与人之间的距离，而且能够打开一个人的心扉。电话销售员若能用恰当得体的赞美为推销工作开一个好头，那么此次电话拜访就相当于成功了一半。

口才训练中的电话销售员在谈话之初就借第三者的口吻给了客户一个大大的赞美，随后客户的态度便因为他的这一番赞美慢慢发生改变，由"有什么事情快讲"变成了"咱们慢慢详谈"，赞美的力量可见一斑。电话销售员用赞美获得了客户的好感和信任，为他以后的推销工作奠定了良好的感情基础，非常值得广大销售员借鉴。

技巧解析

赞美是一种艺术，电话销售员在用赞美作为开场白的时候一定要掌握以下一些技巧，否则不仅无法令客户心花怒放，反而为这种"艺术"所累，白白断送了一次销售机会。

1. 赞美的话要说得真诚、得体。

赞美并不意味着阿谀奉承，溜须拍马，而是一种尊重他人的表现。不得体的赞美会让客户反感。比如，面对一个声线粗犷的女客户，如果赞美其声音甜美，那么，客户一定会觉得销售员太虚伪了，这种不是发自真心的赞美只会起到适得其反的效果。

2. 赞美要抓住人的特点。

赞美客户是需要理由的，不同的客户有不同的特征，因此赞美的语言也要因人而异。比如，对于公司的高层应该夸其运筹帷幄，领导有方；对于家庭主妇，可以夸其善良贤惠，持家有道；对于年轻人，可以夸其有朝气活力，敢闯敢拼等。没有特点、没有个性的赞美之词很难让客户泛起心底的涟漪，也更加无法打动客户。

3. 赞美的话要适时适量。

赞美的话不可频频使用，毕竟销售员的目的是获得客户好感之后推销产品。如果全程都在说赞美对方的话，不仅不能拉近感情，反而会让客户觉得太假，甚至产生厌恶的情绪。

第三章　熟记语言技巧，迅速激发客户兴趣

　　客户的购买兴趣是产品成交的关键所在。因此，电话销售员在推销的过程中，一定要想方设法吸引客户的注意力，使之对产品建立起一定的购买冲动，这样才能有力地推动销售活动继续下去。一般来讲，客户的需求和利益是激发其兴趣最有力的武器。此外，产品的奇特性、准确的数据、巧妙的悬念、敏感的话题等也可以戳中客户的兴趣点，电话销售员可以使用这些语言技巧激起客户的购买冲动。

口才训练1：口耳并用，挖掘客户潜在需求

客户的需求一般分为明确需求和潜在需求两种类型。明确的需求是指明确表达解决现有问题的一种主观愿望，而潜在需求是指客户虽然有明确意识的欲望，但由于种种原因还没有明确地显示出来的需求。如"想要""在找""需要""希望""期望"等。例如：客户感觉自己的手机内存有点小，或者是身上穿的衣服有点薄，这就是该客户目前所面临的一个问题，可能成为他将来的需求。

事实上，对于电话销售员而言，客户的需求好像一座冰山，有看得见的地方，也有看不见的地方，要想全面系统地了解"冰山"的全貌，就得积极主动地挖掘其潜藏的部分。而电话销售员在挖掘客户潜在需求的过程中不仅需要采取适当的提问，而且还需要认真地聆听他们的心声，这样才能更好地了解客户的真实需求和想法，更好地为他们提供有针对性的产品和服务。

口才训练

柳总是小徐的一个潜在客户。这段时间小徐正打算把他们公司的 A 系统推销给柳总，但在第一次尝试的时候，小徐就被柳总婉言拒绝了。不甘心的小徐在做了充分的准备之后，再一次电话拜访柳总。

小徐："柳总，您好！昨天我去了 ×× 公司，他们公司自从启用了这个系统之后，工作效率已经比原来提升了30%。"

柳总："我们公司曾经考察过，许多企业买这个系统钱也花了不少，可是收效甚微，所以我觉得没有必要。"

小徐："柳总，您这话一点儿都不错。如果付出和收获不成正比，那么肯定谁也不会投资的，可是您知道他们失败的原因吗？"

柳总："我觉得，这些公司之所以失败，大概是因为这套系统与他们公司的实际情况不相符吧。"

小徐："是啊，其实就是这样的，超前半步是成功，但超前一步就有可能失败了，所以企业信息化绝对不能太超前。但是话又说回来，如果给老虎添上一对翅膀，那它就更加强大了，您说对不对？"

柳总："这点我们认同，但是我知道将产品推销出去是你们的主要目的，所以你们总是用各种理由来说服我们购买，可是这个东西对于我们来讲究竟有多大的价值呢，恐怕还需要仔细考虑。"

小徐："您说的有道理，但对我们来说，如果产品不能给客户带来真正的收益，我们就等于做了一锤子买卖，公司以后也不可能持续发展下去。所以在我看来，客户满意是我们不懈追求的目标，并且我们会根据不同的对象推荐不同的产品。比如说××公司吧，适合上 OA 系统，因为这样对他们原有的流程改变并不大，而且还可以帮助他们公司降低成本，提高效率。但对于您这样的大公司，我觉得使用 A 系统会更适合一些，尽管这样的系统几乎是对整个企业业务流程的再造，但是只要有经验丰富的系统分析师指导的话，一定能大大提升员工的工作效率。"

柳总："现在行业内有句话叫，上项目找'死'，不上项目等'死'，所以我们现在心里也没有底。"

小徐："一个企业要搞好信息化建设，首先要获得高层领导的首肯以及支持，其次产品的质量也必须过关，最后，还需要一个经验丰富的系统分析师做指导。只有同时具备这三点要素企业内部流程才能顺利完成变革。同时，既然是一场变革，它就必然会涉及部分人的利益，这也需要企业高层去协调。你说是不是这样的，柳总？"

柳总："你分析得很对。这个问题毕竟会牵涉到各个部门的利益，他们对此究竟有何想法我还不太确定，待我们开会商议一下再说。"

小徐："您真是一个负责任的好领导。关于这次的流程变革，我想我能够从很多方面配合您的工作。还有没有其他顾虑呢？时间不等人呀。"

柳总："你也知道，最近这几年，我们这个行业不景气，公司今年的花费已经超出预算了，这事最快也要等到明年才行。"

小徐："费用你不用担心，这种投入是逐渐追加的。这样好不好，咱们约个时间，把各部门的负责人都请来，我请专业工程师给他们普及一下企业信息化的相关知识，这样您也可以了解一下您手下的员工都在想什么，您看如何？"

柳总："可以。"

口才训练解读

当客户有明确需求的时候，而电话销售员正好可以提供与之需求相符的产品或服务，那么交易就可以顺利完成。电话销售就像碰到一个饥饿的小孩，拿出一双碗筷晃动，小孩就变得兴奋。然而，销售员碰到饥饿小孩的概率太低了，可能打电话找到的 1 000 个客户里，只有 1 个有明确的需求，并且有实际的购买行动。所以这就要求销售员能够挖掘出客户的潜在需求，使其潜在需求转化为明确需求。

口才训练中的电话销售员小徐就是一个挖掘客户潜在需求的高手。首先谈话一开始就引出了与自己销售业务有关的话题，随着谈话的深入，小徐了解到客户不愿意购买系统的真实原因，随后小徐便用公司的服务理念以及流程变革的要素分析来打消客户的顾虑。此外，他还用"给老虎添上一对翅膀""大大提高工作效率"这样一些关键词激发客户的购买需求，从而达到销售的目的。

技巧解析

电话销售员挖掘客户需求需要从两个方面着手：一是分析客户现状当中的不足，不断扩大其痛点；二是利用产品的优势，激发起客户的购买欲望。一般来讲，这种挖掘客户需求的具体方法主要包括单刀直入和循序渐进两种方式。

1. 单刀直入。

这是一种直截了当挖掘客户需求的方式，销售员常用到的沟通技巧是："××经理，我们跟客户合作的时候，很多客户对培训并没有过多的兴趣，他们主要担心的是培训结束以后，员工的工作效率是否真的能达到理想的状态。我不知道您对这个问题是怎么看的？"

当客户进一步询问有关这项合作的细节，那么就表明他其实对这个问题很感兴趣。这个时候，销售员就可以引导客户正式进入优势探讨的阶段，销售员只要保证后期服务流程的有效性，客户一般都会产生一定的购买兴趣。

2. 循序渐进。

在双方有足够的交流时间时，销售员可以采取循序渐进的方式引导。首先，销售员要让客户对产品有一个全面的了解，然后慢慢引导客户敞开心扉，畅所欲言，在提问过程当中寻找机会，待找到合适的切入点，销售员便可把客户的切入点变成需求。

口才训练 2：产品介绍，须从客户需求出发

一对夫妻到某商场闲逛，妻子看中了一套价值不菲的餐具，执意要买，可是丈夫觉得价格太贵，不肯掏钱，于是夫妻二人争执起来。这时一旁的导购悄悄地在丈夫耳边低语了几句，丈夫二话不说就把餐具给买下来了。那么，这

位丈夫的态度为什么会在突然之间有这样大的反差呢？原来是导购的一句话打动了他："这么贵的餐具，你太太是不会舍得让你洗碗的。"

从这个意味深长的小故事当中，我们可以看出客户的内心需求是激发起购买兴趣的关键所在。丈夫的需求是免于家庭劳动，聪明的导购员一眼就窥探出其内心的小九九，所以在提及产品的时候紧紧围绕着他的需求，这样就使得销售朝着有利的方向发展。

口才训练一

电话销售员："我们这款笔记本采用 Intel 酷睿 i7 4720HQ 的 CPU 型号，8GB 的内存容量，硬盘容量为 1TB，还有 NVIDIA GeForce GTX 960M + Intel GMA HD 4600 的高端显卡，显卡容量达到 2GB，这样的配置对现在的笔记本来说是比较高端的；而且复合材质的外壳强度高、质量轻、散热好；15.6inch 的高清润眼屏看起来又舒服，又不伤害眼睛；最令人赞叹的是经典的红黑配色给人以外冷内热的感觉。开启红色背光，感觉十分炫酷。怎么样，这位帅哥，我们这款笔记本很不错吧？"

客户："嗯，你们的笔记本听起来确实不错，但是我目前确实没有购买的打算，我马上有个会议要开，再见！"

口才训练二

电话销售员："李先生，请问您外出的时候笔记本随身携带吗？"

客户："是的。"

电话销售员："那您觉得随身携带是不是负重感很强啊？"

客户："是啊，要是能轻点就好了。"

电话销售员："李先生，那我给您推荐一款超薄金属便携式笔记本电脑吧，它只有 1.7kg。"

客户："是吗？那挺不错的。"

电话销售员："李先生，我还知道您是一位装饰设计师，只要您有了灵感，就得随手把它记录下来，对吧？"

客户："对啊，基本上出差的时候，电脑和我形影不离。"

电话销售员："我们这款电脑有 60Wh 的超大容量电池，续航 10h，并且具有快速充电的功能，所以您在捕捉灵感的时候完全不必担心电脑没电的情况发生。此外，我们这款电脑采用的是 AMD R7 4G 独立显卡，不仅作图软件运行流畅，而且做出来的美工图肯定看起来特别形象、逼真！"

客户："嗯，听起来不错，再给我详细说说其他的配置。"

口才训练解读

俗话说："打蛇打在七寸上，牵牛要牵牛鼻子。"如果电话销售员在产品介绍的时候，能抓住问题的关键——客户需求，那么推销的难度系数就会大大降低。口才训练一中，电话销售员一个劲儿地炫耀自己产品的优点，但即便是产品的性价比再高，客户仍然丝毫没有购买的欲望，并且借故挂断了电话。其失败的主要原因就是没有关注客户的需求。

很多电话销售员都会犯这样的错误，在介绍产品时只是大力吹捧自己产品的优势和特点，完全忽略了客户的感受和需求。电话交流的时间本来就不长，如果销售员的推销技巧不能直抵客户的内心，触碰不到其真实需求的话，很难激发起他们的兴趣。即便是他们出于尊重，耐着性子听完你的介绍，最后也不会购买的。因此，电话销售员介绍产品时一定要从客户需求的角度出发，避免徒劳无功。

口才训练二中的电话销售员抓住了客户经常出差和做美工图这两个重要

需求，有针对性地介绍了自己产品重量轻、待机时间长、显卡高端这几个特点，引起了客户极大的兴趣，因此他才会主动向电话销售员进一步了解该电脑其他方面的配置。

前后两个场景，同样是介绍产品，同样的目标客户，推销效果却大相径庭。从这组鲜明的口才训练对比中，电话销售员可以得出一个结论，一定要学会挖掘客户的需求，并按照客户的需求介绍产品，这样的产品介绍才是有效的，才能在短时间内使客户愿意继续与自己交谈下去。

技巧解析

电话销售员要想激发客户的购买兴趣，在介绍产品时需要注意一些问题。

1. 通过开放式提问叩开客户的心扉。

"欲动天下者，先动天下心。"电话销售员在介绍产品之前，可能对客户内心真实的需求并没有过多的了解。这个时候，销售员可以围绕产品的特点、优势、利益展开一系列旁敲侧击的开放式问题，这样客户的思想以及需求就会随着问题的深入不断显露出来。

2. 产品介绍方案随着客户需求的变化而变化。

电话销售员需要注意的是，介绍产品不是一次到位的，而是要一边挖掘客户需求，增加彼此的熟识感，一边将产品推荐给客户，然后再根据客户的需求一步步地揭开产品的"神秘面纱"。在这个过程中，如果客户又有了别的方面的需求，则要及时提供与之需求相对应的产品或者调整介绍方案。一成不变的产品介绍会让客户失去了解的兴趣，从而使销售员也丧失一次宝贵的销售机会。

例如："作为一位母亲，相信这个世界上没有人比您更疼爱您的孩子了，可怜天下父母心，如果妈妈不关心孩子的话，那又有谁会真正关心孩子呢？如果您不趁早给孩子买一份保险，保障他以后的生活，那恐怕没有谁能替孩子想到这些……"

这样契合客户心理需求的推销手法很容易引起客户的心灵共鸣，从而对保险产品产生浓厚的兴趣。

口才训练3：口中若有"黄金石"，自有客户寻利来

18世纪法国启蒙思想家、哲学家霍尔巴赫说过："利益是人类行动的一切动力。"客户利益可以说是决定客户需求的一个关键因素，也是其购买产品的最大驱动力。所以一个聪明的电话销售人员要懂得把为客户争取利益作为自己销售工作的宗旨。只有那些时刻站在客户的角度，真正关心客户的利益，急客户之所急，想客户之所想的电话销售员才能真正获得客户的垂青，从而顺利地完成销售任务。

口才训练

小周是某保险公司的一名电话销售员。她不仅人长得漂亮，而且心地也非常善良，每当她的客户发生状况时，她都会在第一时间打电话表示关心。

一天，她的一名客户得了一场大病需要做手术。之前这位客户在小周手中买过一份教育险，但没有买医疗险。这次这位客户即将面临一场大手术，小周担心客户除了身体上的病痛难以承受，还会承受巨大的经济压力，于是她赶紧打电话拜访。

她的第一句话是："您的身体怎么样了？"

第二句话是："做手术会有很大的经济压力吗？"

第三句话是："都怪我不好，当时没有坚持请您购买医疗险，以致今天

我不能帮您减少损失，为您分担经济压力，我今天只能为您分担精神压力。"

第四句话是："您身体状况这样不好，我非常焦急，也非常心痛，我会马上赶到医院探望您。"

第五句话是："这一次，我一定要为您制定一份完善的医疗保险方案，让您以后碰到这样的困难不再发愁。"

后来小周还带着水果和营养品到医院看望了客户，得知客户的女儿忙于工作难以抽身，小周主动承担起了照顾客户的责任。最后，小周无微不至的关怀深深地打动了客户，她带领着自己的好姐们儿一共在小周那里买了三份医疗险。

口才训练解读

如果电话销售员要想引起客户购买的兴趣，就必须学会关注对方的利益。俗话说，无利不起早，有利盼鸡啼。当销售员能够用利益的方式打开对方的心扉，激发起客户的购买冲动，那么签单几乎是板上钉钉的事儿了。

口才训练中的销售员小周就给大家做了一个很好的示范。当她得知客户生病需要做手术的时候，拿起电话说的第一句话不是推销和疾病有关的险种，而是先从客户的健康状况着手，关切地询问客户的身体情况、经济负担。此外，她还主动跑去医院看望和照顾客户，她一切的行动都是围绕客户的利益展开的，所以她的真心打动了客户，最终也换来了三份保单。

技巧解析

日本日立公司广告课长和田可一曾说："在现代社会里，消费者是至高无上的，没有一个企业敢蔑视消费者的意志；蔑视消费者，只考虑自己的利益，一切产品都会卖不出去。"一个电话销售员要想迅速激发客户的购买兴趣，就要学会帮助客户实现其利益。下面是围绕客户利益的三个沟通技巧。

1. 紧紧抓住客户的"利益点"。

仁者见仁，智者见智。由于价值观不同，所以人们对同一产品的利益需求点也是不一样的，有的人注重产品品质，有的人则只追求价格低廉，有的人享受奢华尊贵，有的人却只看中产品的实用性，等等。总之，电话销售员要知道，客户的世界观不同，他所在意的利益点也不尽相同。

因此，在与客户交流的过程中，电话销售员一定要想方设法找到客户的"利益点"。这样才能成功地打动客户，从而将产品销售引到良性发展的方向。

2. 尽心竭力为客户省钱。

其实，每个人都有贪图便宜的心理，所以电话销售员不妨给予客户一定的优惠，让客户的求利心理得到满足。这样无形中就会增加客户对产品的认可度，同时也会对销售员产生一定的好感。有了信赖感和认同感做基础，销售员只要稍加引导，客户自然就会考虑购买。

3. 罗列产品的种种优势。

要想让产品获得客户的认可，电话销售员要根据客户的需要，在介绍产品时强调产品的独特优势。不同的产品有不同的用途，即便是同类产品也有属于自己的独特优势。销售员需要做的就是悉数介绍产品的种种优势，让客户认识到产品所带来的利益和价值，继而客户就会对产品产生兴趣，萌发购买的欲望。

口才训练4：利用新奇性和独特性，让客户一探究竟

美国杰克逊州立大学刘安彦教授说："探索与好奇，似乎是一般人的天性，对于神秘奥妙的事物，往往是大家所关注的对象。"好奇心是人类的天性，是人们普遍存在着的一种行为动机。受好奇心的驱使，人们会不自觉地对未知的

领域充满兴趣。所以，在电话销售过程中，要想快速激发客户对产品的兴趣，不妨利用他们的好奇心做文章。

小郑是移动公司的一名电话销售员。有一次，她准备给客户李经理推销一种 IP 电话卡。拨通电话后，她先简单地做了一下自我介绍，然后又温和地问道："李先生，我知道您平时长途电话打得比较多，如果有一种方法能够让您的长途话费减免一半，不知您有没有兴趣了解一下？"

李经理立即答道："居然还有这么好的事儿？说来听听。"

小郑说道："我们公司 IP 电话卡在促销，你买 600 元的 IP 电话卡，我们送您 500 元，这样您的电话费基本上节省了一半。您看，如果您觉得划算，有意向购买的话，咱们约定个时间，我这就找人给您送过去。"

现代心理学表明，好奇是人类行为的基本动机之一。电话销售员巧妙激发客户的"好奇心"，有时候可以起到事半功倍的效果。

口才训练中的电话销售员小郑就是一个制造新奇的高手，她拨通电话之后，首先提到的不是自己要推销的产品，而是直接针对客户的主要购买动机，向客户说出了一个省钱的好方法。面对这样一个充满诱惑且新奇的办法，客户当然有兴趣了解。于是趁此机会，她便将推销的产品和盘托出，这样的推销比一开始就开门见山地推销产品效果要好很多。

好奇心是所有人类行为动机中最有力的一种，唤起好奇心的具体办法则可以灵活多样,电话销售员可以利用下面的一些语言技巧来促使客户一探究竟。

1. 采用刺激性的问题制造新奇感。

由于每个人都会对未知的事物比较感兴趣，所以电话销售员在和客户沟通时，不妨有意识地提出一些刺激性的问题，以此来激发客户探索的欲望。比如，"猜一猜""我能问个问题吗"这样一些颇具引导意味的词汇很容易让客户产生联想，对销售员接下来要说的话充满好奇。

2. 利用群体趋同效应激发客户的好奇心。

从众是一种比较普遍的社会心理和行为现象。销售员在电话拜访客户时，如果能营造出一种其他所有人都参与的趋势和氛围，那么客户也会在好奇心的驱使下加入进来。比如，销售员说："坦白地讲，赵小姐，我们的这个方案已经获得了您许多同行的认可和肯定，并且也实实在在地帮助他们解决了一些棘手的问题。而且这套方案我们综合了你们同行的很多建议，将以前方案的优势保留，劣势改进。"当销售员摆出一个很多同行都认可的、行之有效的方案时，客户肯定也会忍不住想了解一下，这样一来正中销售员下怀。

口才训练 5：运用准确的数据，增加说服力

数据就其本身而言是一个非常枯燥的东西，但如果电话销售员能恰当使用它，却可以建立起客户的信任感，也能激发起客户对产品购买的兴趣，从而为顺利签单提供有力的帮助。不过销售员在使用的时候必须保证数据的真实性和客观性，这样才能让客户信赖你推荐的产品。

口才训练

销售员小宇最近在电话跟踪一位名叫张梅的会计师。这位会计师觉得保险的回报率比较低，所以她迟迟没有购买的兴趣。为了顺利完成签单任务，小

宇决定再给张梅拨一通电话，用自己最擅长的数据重新激发张梅对保险的购买兴趣。

小宇："张小姐，您是一个会计师，那么您对数字一定非常敏感了。"

张梅："是的，对于你们的这份保单，我认为回报太少了，不划算。依我看，存银行比买保险强，银行存取款不仅方便，而且还有利息。再加上我现在身体也很健康，所以我觉得暂时没必要买保险。"

小宇："张小姐是个会计师，应该也有很强的时间观念吧。"

张梅："是的，我们这个行业对数字都比较敏感。"

小宇："对数字敏感是个好习惯，下面我给您做一个和数字相关的分析：您家35%的收入用于储蓄，日常开支占到了31%，偿还房贷占15%，赡养老人占18%，也就是说储蓄在总收入中占了很大的比重。您有这样的储蓄行为自然是为了防止意外情况的发生，不过我这里有一个更为有效的防范风险的方法，那就是每个月只需拿出收入的5%，用这笔钱来购买一份保险，在您缴纳第一笔保费之后，您就可以拥有50万元的保障。并且在15年期满之后，您每年还可以领到3万元，这给您的晚年生活提供了一个很大的保障！"

张梅："为什么是拿出5%的收入？"

小宇："因为保险是一种保障行为，而非投资，所以它的回报很低。假如您想获得丰厚的回报，保险肯定不是最佳的选择。它只是一种可以让您规避风险的保障，而这种保障无须投资太多，只要拿出5%的收入就可以了。如果您想投资，可以把剩下的大部分收入用于股票、基金或者经商。"

张梅："嗯，你说的有些道理。"

小宇："不如这样，咱们约个时间一起看看这份保险的计划书吧，到时候，我再帮您好好分析和完善一下这个理财计划。"

张梅："好的。"

数据能够直观反映客户所获利益的多少，所以电话销售员与其长篇大论地向客户讲述自己产品的优势，不如通过计算利益得失的方式，用一系列准确的数据为自己的产品正名。口才训练中的电话销售员就是用一系列的数据让客户认识到一个更为有效的保障方式。这种方式的利弊得失通过几个准确的数据就可以让客户一目了然，同样也是因为这些数据坚定了客户了解和购买的决心。

电话销售员在使用数据激发客户的购买欲望时，必须保证自己所使用的数据客观公正，具有说服力。同时数据说服要抓住有利的时机，适可而止。

1. 保证数据真实准确。

作为一个电话销售员，一定要懂得用权威数据，增加产品的可信度。在这个网络信息如此发达的时代，销售员永远不要低估客户判断事物和获取信息的能力。销售员如果使用的数据不够真实和准确，那么一旦让客户发现，势必会造成很严重的信任危机，日后即便做再多的弥补也挽救不回公司的信誉损失。

2. 注意更新数据。

电话销售在使用数据的时候一定要保证数据的时效性，这样才不会误导客户。比如下面的例子。

客户："你提供的这个数据是什么时候的呢？"

销售员："是近几个月的。"

客户："近几个月？你用这数据哄三岁小孩呢。至少也得是两三年前的吧，那么陈旧的数据，我哪敢相信你说的。"

口才训练6：巧妙设置悬念，增加客户的探究欲

某报纸连载小说的收尾部分有这样一句耸人听闻的话："有个男人居然生下一头牛。"人们看后大为惊诧，都想一探究竟。谁料在下期的这篇连载小说中，作者却笔锋一转写道："原来这个人女扮男装，然后生下一个小孩，名字叫牛牛。"

这就是悬念的作用，它可以吊足人的胃口，吸引人们的注意力，激发人们的探究欲望。作为一名电话销售员也要懂得巧妙使用悬念，让它成为激发客户购买兴趣的一把利剑。

口才训练

电话销售员："张先生您好，我是××保险公司的理财顾问王楠，您现在说话方便吧？"

客户："方便，你说什么事情？"

电话销售员："我要向您介绍一种我们公司新推出的财富保障计划，这个产品一经推出就广受白领人士的追捧，仅一个星期的时间，参保人数就破百万了，您听到这里一定很惊讶吧？"

客户："对啊，你们这是个什么险种啊？"

电话销售员："这份财富保障计划是专为像您这样的白领人士定制的财富管理及保障计划，规定的内容也比较多，电话里讲不太方便，而且恐怕会耽误您很多的时间，这样吧，张先生您给我个邮箱，我先给您发份资料，然后咱们抽时间见面聊，您看好不好？"

客户："可以。"

合理地制造悬念可以充分调动客户的兴趣。伴随着悬念的解开，电话销售员所推荐的产品也就呈现在客户面前了，这种迂回曲直的产品介绍法比较容易让客户接受，也更容易激发客户了解产品的兴趣。

口才训练中的电话销售员一开场就说"一个星期的时间参保人数破百万"，这样火爆的保险产品本身就是一个悬念。为了让客户对这份保险产品有一个更为深刻的了解，这位电话销售员又继续制造悬念，表示在电话里说不清楚，要先发资料然后约见，这样客户就顺理成章地跟着销售员指导的方向一步步地了解产品，揭开谜底。

电话销售员在设置悬念的时候一定要实事求是，不可违背客观事实。

有的电话销售员为了让自己抛出的悬念更有吸引力，故意捏造一些产品没有的特征和性能，这样一来，即便是话题吸引到客户，等他明白真相之后，推销工作还是会功亏一篑的。比如"我给您推荐的这个保险产品非常超值，您只要每个季度缴纳 50 元的保费，就可以在一年内享受 50 万元的保额。"这种夸夸其谈的言论根本经不起实践的检验，所以销售员最好谨言慎行。

制造悬念就是一种"先藏后露、欲扬先抑、引而不发"的吸引客户的方法。电话销售员要想利用它吸引客户的注意力，把控沟通的方向，可以通过以下几种途径实现。

1. 部分信息展示法。

电话销售员要想勾起客户的好奇心，不妨"犹抱琵琶半遮面"，先不要告诉他们有关产品的一切信息，部分展示更容易勾起人们深入了解的欲望。如果销售员一股脑儿将产品的特色及价值和盘托出，那么就会削弱客户向下一步销售进程迈进的动力。

2. 引而不发。

客户的思维在电话销售员的引导下不断发展，随后便会对销售技巧做出一系列的设想，不过这个设想并不能得到证实，这样的悬念会让客户持续保持探究的欲望。

口才训练 7：把好声音关，让客户听得欲罢不能

国外学者的调查表明，人际沟通中各种因素所起的作用分别是：在面对面沟通中，身体语言 55%、声音 38%、用语 7%；在电话沟通中，声音 82%、用语 18%。由此可见，声音在电话推销活动中起着关键的作用。有魅力的声音不仅可以准确传达自己的意思，而且还会像磁铁一样紧紧吸引客户的注意力，让他听得欲罢不能。

口才训练

贾楠是某医药公司的一名电话销售员。他正在给客户打电话推销自己公司研发出的药酒。药酒的功效很好，可是对于他的介绍客户却并不买账。

贾楠："我们公司的药酒是 OTC 非处方药，主要功效有……嗯……"

客户："主要功效有什么？"

贾楠："主要功效……祛风除湿，活血止痛。"

客户："那适用于什么病症啊？"

贾楠："病症？您是问可以治什么病，对吧？"

客户："对啊！什么病适合喝这种药酒啊？"

贾楠："主要适用……啊！这个……用于风寒湿痹，手足麻木，腰腿酸痛，跌扑损伤，瘀滞肿痛等。"

客户："算了，你的介绍吞吞吐吐，声音又不流畅，说话这么没底气，我可不敢相信你说的药酒。"

随即挂断电话。

口才训练解读

在电话销售的过程中，销售员和客户的实际距离很可能是千里之遥，双方只能通过声音来猜度对方内心的活动。销售员靠听觉去"观察"客户，判断其购买意向的强弱。同时，客户在电话的另一端也无法看到销售员的肢体语言、面部表情，只能凭借自己听到的声音来判断这名销售员是否可信。所以销售员要想通过电话博得客户的信赖，激发其购买的欲望，就需要把好声音关，千万不要让声音的瑕疵影响了销售的效果。

口才训练中的销售员贾楠就是因为说话不流畅，思维混乱，语气不连贯，从而致使客户失去了进一步了解的欲望。

技巧解析

电话销售员的声音是其最重要的资产之一。要想增加自己的声音魅力，成为一名优秀的电话销售员，可从以下5个方面入手。

1. 保证吐字清晰。

电话销售是靠声音来传递信息的，如果电话沟通完之后，客户仍然不知道你的声音在传递什么信息，或者理解起来比较吃力，那么你的专业性就会受到质疑。所以，作为一名电话销售员必须保证在电话里说的每一个字都要清晰准确，这样才能让客户有继续沟通了解的欲望。

（1）切忌结结巴巴、表达含糊不清。

（2）禁忌带口音，要用普通话跟客户交流。

（3）不要用鼻音说话。

2. 语速要快慢得当。

（1）语速要适中，要把每一个字都说清楚。语速过快会造成词汇模糊不清，客户理解困难；语速过慢则显得销售员反应迟钝或者经验不够，很容易让客户产生不信任或者烦躁的情绪。

（2）选择恰当的时机停顿。电话销售不是一个人的独角戏，如果销售员在整个交流过程中只顾自说自话，不给客户思考或者讲话的机会，那么客户很有可能因为话不投机，果断结束与你的谈话。

（3）和客户步调一致。电话销售员在与客户沟通时，说话语速的快慢以及语调的高低、急缓最好与客户相协调，能够配合对方，这样更容易博得客户的好感。如果双方语速及语调相差太远，会给客户造成一种紧张和焦虑感，从而有损于推销的效果，不利于最终的成交。

3. 把控好自己的音量。

音量是指声音的大小。电话销售这份工作，音量不能太大或者太小。如果声音太小，客户很可能会听不清或听不完整，也有可能让他误会销售员没有自信；但如果声音太大，又会被客户认为是一种噪声，且显得不太礼貌。那么究竟该怎么把控呢？销售员不妨听听同事的意见，进而做出恰当的调整。

4. 保持微笑。

有的电话销售员认为自己和客户通话没必要保持友好的微笑，客户通过电话又看不见。其实这是一种错误的想法，他虽然看不见你脸上的表情，但是却可以通过耳朵"听到"你的微笑，因为脸部肌肉的变化会影响声带的震动。

因此在通话中，无论电话销售员是热情还是懒散，是积极还是懈怠，客户都是能够感受到的，电话销售人员若是在通话中保持微笑，热情洋溢，客户拒绝的概率就会大大降低。

5. 言语间自信十足。

自信是成功的第一秘诀。电话销售员在说话时一定要自信、果断，敢于给客户承诺，这样才会提高客户对你的信任程度，购买的可能性也会大大增强。反之，如果说话吞吞吐吐，总是用"可能""大概"之类模棱两可的词，就会让客户觉得你信心不足，无法建立起对产品的信赖。

《吕氏春秋》云："故闻其声而知其风，察其风而知其志，观其志而知其德。"销售员一定要重视自己声音的力量，为增加自己的声音魅力，可把自己的声音录制下来，然后进行自我检查，自我修正。声音检查的主要要点有：语气是否和缓友好，语调是否抑扬顿挫，语速是否适中，是否有口头禅，声音是否悦耳动听，意思表达是否准确明白等。电话销售员若是能把这些内功练好，慢慢地就会获得客户的青睐，从而达成成交的愿望。

口才训练 8：用敏感的话题戳中客户的"软肋"

俗话说：打蛇打在七寸上，牵牛要牵牛鼻子。不论是打蛇还是牵牛，最关键的是要找准它们的软肋，这样才能起到事半功倍的效果。同样的道理，在电话销售中，要想激发客户的兴趣，首先要找到他们的"软肋"，然后用敏感的话题戳中客户的"七寸"，这样很容易激发起其内心的波澜，从而使其逐步对产品产生兴趣。

电话销售员："您好，请问您是××雅苑××号楼××单元×房的业主吗？"

客户："是的，怎么了？"

电话销售员："是这样的，张女士，我是××有限公司的。最近新闻上报道您所在的小区频频失窃，而且损失金额达10万余元，您听说过这件事吗？"

客户："我没有看新闻，所以不太了解，不过倒是听说我们这栋楼好像有一家失窃了。真是世风日下啊，这些小偷太猖狂了，都偷到小区里来了，而且那些保安也形同虚设。"

电话销售员："您说得没错，物业的保安人员应该加强巡逻了，维护好小区的治安环境。当然了，除了他们的努力，广大业主自身也要做好防范工作，您说对不对？"

客户："这倒是。"

电话销售员："关于频频失窃的安全问题，我有几个防盗的建议，不知道您想不想了解一下。"

客户："好的，你说。"

电话销售员："对于您这样忙于事业的人，拥有一个足够安全的保险柜就等于给您的钱财上了双重保险。我现在就给您讲一下。现在市面上有很多安全性能极差的保险柜，它们是由内外两块很薄的铁皮组成的，中间灌以泥沙，这种箱子敲击起来会发出很沉闷的声响。您在甄别其安全性的时候一定要注意这些。

一般足够安全的保险柜，是由钢板一次性冲压形成的，四面的钢板几乎是无缝衔接，歹徒根本撬不开。我们公司的保险柜就是按照这种制作流程打造的，如果周围有人肆意破坏，它会发出很清脆的声响。"

客户："哦，原来一个保险柜还有这么多学问呢，你们也是卖保险柜的吗？我想了解一下你们的产品。"

电话销售员："是的，我们公司……"

口才训练二

电话销售员："您好，请问是王阿姨吗？"

客户："嗯，你是哪位？"

电话销售员："希望没有打扰到您，我是××保健机构的养生顾问，我的名字叫××。今天我特意给您打电话，是因为您在我们上周的健康知识讲座中提到了一个问题，这个问题会困扰很多人的健康，发病率高达百分之八九十，所以今天打电话来特意提醒您一下。"

客户："什么问题啊？"

电话销售员："王阿姨，上次您在讲座中提到自己坐得久了会头痛头晕，手臂发麻，是吗？"

客户："对的，这种症状经常会出现。"

电话销售员："从您的症状描述来看，这正是颈椎病的一种预兆。这是现代人很常见的一种病症，××小区的张奶奶得的就是这个病，刚开始她只是头痛，发展到后面脖子也酸疼，甚至不能转动，后来颈椎压迫神经，双臂举起来都很吃力，并且她的双腿也没有什么力气，有时严重到连台阶也上不了。为了您的健康起见，我觉得您还是重视一下这个问题。"

客户："可是，我平时运动量还挺大的，怎么会得这种病呢？"

电话销售员："王阿姨，我只是简单地了解了一下您的症状，为了保险起见，我建议您到专业的体检中心做个颈椎的专项检查。"

客户："我不知道现在哪个体检中心比较专业一点。"

电话销售员："我们的保健机构项目齐全，可提供常规体检、职场体检、中老年体检，性价比很高，不知道您什么时候有空，我可以给您留一个预约号。"

客户："明天下午吧。"

电话销售员："好的。"

口才训练解读

在现代社会，金钱早已渗透在人们衣、食、住、行各个方面。所以，金钱对于每一个人来讲意义非凡。在电话销售过程中，电话销售员不妨把它作为一个客户的敏感点来吸引客户的注意力。在口才训练一中，销售员就小区发生的失窃事件进行了渲染，从而引出了客户非常关心的财产安全问题，于是顺势就将推销的保险柜自然地切入话题。围绕着保险柜，销售员又具体详细地为客户讲明了好坏的甄别方法，从而轻松地唤起了客户的购买欲望。

当然了，除了钱财，客户最关心的莫过于自己的健康，因此电话销售员也可以从健康这个敏感度较高的问题出发，以健康损害为诱饵迅速吸引客户的注意力。在口才训练二中，销售员就以发病率较高的颈椎问题提醒客户，成功地抓住了客户的敏感问题，继而循循善诱加以引导，最终成功地说服客户。

技巧解析

电话销售员用财产安全激发客户购买欲望的时候需要注意哪些问题？

1. 产品介绍要围绕客户的利益展开。

财产安全对客户来讲非常重要，是他们的利益所在。在电话销售过程中，如果销售员能够从客户的财产利益出发，指出你的产品在设计时是如何考虑客户利益的，就会促使客户将自己的注意力牢牢地拴在产品介绍上。

比如，"您好，有件事情关系到您的财产安全，不知道您想不想了解一下。""我们这种产品是由……制作而成，它可以更好地为您的财产保驾护航。"相信这么敏感的话题肯定能叩开客户的心扉。

2. 抓住客户对产品的真正需求。

客户的需求是激发其产生兴趣的关键所在。一般来说，客户心里想的是保障自己产品的安全。因此，电话销售员要懂得换位思考，在介绍产品的时候让客户感受到购买产品会为自己带来的某种好处，感受到产品会给自己财产安全带来的保障，这样就能让客户的注意力长久地留在你的推销技巧之间。

电话销售员用健康问题激发客户购买欲望的沟通技巧如下。

1. 把客户的健康问题作为话题的切入点。

俗话说，健康是一笔财富，相信每一位思想成熟的客户都会对自己的健康视若珍宝。因此在给客户打电话的时候，电话销售员不妨从客户关心的健康话题入手。比如"有个问题会对您的健康有所损伤，您有兴趣了解一下吗？""这个健康问题非常多见，您能给我1分钟让我帮您分析一下吗？"此类的询问很容易激发客户的兴趣和共鸣，从而为成功销售奠定良好的感情基础。

2. 对客户的健康问题要表现出真诚的关心。

每个人都有最基本的感情需求，谁都希望得到他人真诚的关心。因此，电话销售员在提及客户的健康问题时，一定要情真意切，表现出发自内心的关怀之意，这样客户才会接收到你发出的讯息，他的需求才会被点燃，双方的交易也更容易达成。

不过，电话销售员需要注意的是，在提及健康问题时，一定要实事求是，切不可捕风捉影，危言耸听，否则很难获取客户的信任。

第四章　吃了客户闭门羹，巧言妙语往前冲

　　化解客户的拒绝是销售的重点，也是难点。面对客户的拒绝理由，电话销售员首先要保持良好的心态，其次要抽丝剥茧，采用提问引导、假设排除、限制时间等方法弄清楚导致客户产生拒绝的真正原因，然后根据实际的拒绝情况，制定针对性的化解策略，这样才能顺利地把销售危机转换为销售契机。

口才训练 1：应对"我现在很忙，没时间"

电话销售成功的概率很低，因为在这个过程中，客户对销售员推荐的产品看不见也摸不着，很难建立一定的信任，所以他们就会提出各种各样的理由婉拒电话销售员，比如"我正忙着呢""过几天再说吧，我现在没有时间"等类似这样的托词。那么，面对客户这样的婉拒，电话销售员应该怎么办呢？"约定下次交谈时间"或"限定交谈时间"是两种行之有效的应对方法。

口才训练

电话销售员："您好，张总，我是××保险公司的张宇，我们公司最近推出一款保险产品，想给您介绍一下。"

客户："你是要给我推销保险吗？"

电话销售员："张总，这款保险非常适合您这样的白领人士，听完我的介绍您肯定不会失望的。"

客户："不好意思，我正在开会呢，以后再说吧。"

电话销售员："好的，非常抱歉打扰到您了，那我过几个小时再打给您吧。"（几个小时后打电话，客户仍说没时间……一个星期后，电话销售员又一次拨通了客户的电话。）

电话销售员："张总您好，我是××保险公司的张宇，咱们之前电话里联系过的，不知道您对我还有没有印象。"

客户："哦，你又要给我推销保险了？"

电话销售员："我是想给您介绍我们公司新推出的一款保险，不知道张总今天有没有时间跟我聊两句。"

客户："对不起，我现在没空，以后再说吧。"

电话销售员："张总，我知道您管理一个大型公司肯定会很忙，但我希望您能给我 3 分钟的时间，就 3 分钟好吗？因为我确信这份保险对您会有很大的帮助，所以才一直给您打了这么多次电话。请您谅解我的打扰，能和您聊 3 分钟吗，张总？"

客户："好吧，那就 3 分钟。"

口才训练解读

作为一名电话销售员，经常会碰到这样一种情况：电话打过去没说几句，客户就以忙为理由匆匆中断谈话。其实这里的"忙"有很多的含义，客户究竟是真的有事在忙，还是只把它当作一个拒绝推销的借口呢？这需要电话销售员谨慎思考，仔细甄别。

在上述口才训练中，客户一而再再而三地以忙为由加以拒绝，很显然忙只是他的一个借口，其真实想法是想摆脱销售员的推销。对此，电话销售员起初用"约定下次交谈时间"的方法应对客户的拒绝之词。但一个星期后，电话销售员就改变了"战术"，用"限定交谈时间"的方法，同时强调自己的产品能给对方很大的帮助以吸引客户，最终得到了 3 分钟与客户交流的机会。当然，这 3 分钟至关重要，如果销售员能够在这短短的时间内引起客户的兴趣，获得客户的情感认同，那么谈话时间的长短便不再是问题。

技巧解析

在电话销售中，如果客户说"我现在很忙，没时间"，那么销售员需要具体情况具体分析。一般来说，客户之所以这样说无外乎两种情况：一是客户现在确实比较忙；二是客户说很忙只是一个借口。

1. 客户现在确实比较忙。

对于客户而言，电话销售员的致电具有一定的盲目性和突发性，所以拨打电话的时候可能客户客观事实上正处于不方便接听销售电话的阶段。为了避开客户的忙碌时期，销售员需要选择恰当的约访时间，以免做很多无用功。

如果遇到客户的确不是很方便的情况，电话销售员首先要懂得尊重客户，并且为自己的冒失行为真诚地致歉，同时约好下一次通话的时间。为了让客户顺利答应下次电话约访的请求，销售员可以使用二选一的方式加以引导，比如"您看今天下午两点我给您打电话，还是明天上午再给您打电话？"这种封闭性的问题有利于客户做出肯定的回答。

2. "我很忙，没时间"只是一个托词。

面对客户这个善意的谎言，销售员不宜当场戳穿，因为和客户站在对立面辩驳，不管谁赢谁输，最终损失最大的还是销售员。当多次通话都遭到此类原因的拒绝时，销售员可采用"限定交谈时间"法打开销售的突破口。不过一般限定交谈的时间不宜过长，最好在 5 分钟之内。

销售员在争取到交流机会之后要懂得抓住客户痛点，激发客户的购买兴趣，建立客户的信任和好感，这样才能为下一步的推销奠定良好的感情基础。如果只是一味地介绍产品的优势，极有可能招来客户的反感，不仅无法在短时间内完成销售，反而白白失去一个交流沟通的机会。

口才训练 2：应对"我对你们的产品没兴趣"

在电话销售中，"没兴趣"是客户最常用的拒绝借口。面对这类从需求角度出发的托词，电话销售员应该回避正面交锋，"先处理情绪，再解决问题"是化解客户拒绝时需要遵守的原则。聪明的电话销售员一般都会先稳定客户的情绪，缓和交流的气氛，然后再寻找别的话题，挖掘客户的潜在需求或强化其对自身需求的认知，从而达到推销的目的。

口才训练

电话销售员："您好，是张姐吗？"

客户："你好，是的，你哪位？"

电话销售员："我是××公司的美容顾问王小菲，能跟您在电话里交流我感到非常高兴。"

客户："你们怎么会有我的电话号码？"

电话销售员："我是在我们公司的网站上看到您的个人信息的，看得出来，您也非常想了解我们的护肤产品。"

客户："你错了，我并不感兴趣，也不需要。"

电话销售员："您不需要吗？"

客户："嗯，我上次在你们这里注册了一下个人信息，办了一张会员卡只是想获得一支口红试用装，但我现在并不想买。"

电话销售员："张姐，您可能会错意了，我这次给您打电话并不是要给您推销我们的产品，只是想做一个口头调查，看看顾客存在哪些方面的护肤困扰。"

客户："哦。"

电话销售员："请问张姐，您对自己的皮肤满意吗？"

客户："还凑合吧。"

电话销售员："听您的声音，觉得您的岁数并不大，但这也是护肤的一个关键节点。人们都说，人过中年后身体各方面的机能都开始慢慢走向老化，而且皮肤也失去弹性，没有光泽度，眼角边和鼻子旁边会出现细纹，是吧？"

客户："是啊，我的眼角鱼尾纹就挺严重的。"

电话销售员："哦，其实这样的情况很常见，我身边的很多朋友也都曾有过这样的烦恼，请问您有没有用过眼霜护理一下？"

客户："当然用过了，我用过××牌子的产品有一段时间了，但情况并没有得到改善。"

电话销售员："哦，那我建议您试试我们的产品吧，我们的这款眼霜不仅能去除眼部皱纹、提拉眼部肌肤，更能帮助您去除法令纹、抬头纹、颈纹，一支多用，全面改善肌肤问题！用过的客户都反映特别好，您可以去我们的网站上看看其他客户的留言。我建议您一定要试试，若是等皮肤真的衰老了，您就是花再多的钱也无济于事了，您说是吗？"

客户："呵呵，我看到你们网站上客户的反响都挺好的，但不知道现在购买可以打折吗？"

电话销售员："您问得正是时候，我这次给您打电话也是想顺便通知一下您，近期公司周年庆，凡是在我们的网站注册的会员，将全部享受八折的优惠，并且我们还会赠送你一些小礼品。"

客户："哦，是吗？那我赶紧买一套吧。"

口才训练解读

对于客户这类"没兴趣"的拒绝说辞，电话销售员首先应该从语言上安抚客户的情绪，其次可以采用忽视法、原话反问等方式应对。

口才训练中的电话销售员在遭到客户的此类拒绝之后，首先采用原话反问的方式引发了客户的深思。随后在得知客户拒绝购买的原因之后，以"口头调查"作掩护，一方面缓解了客户的情绪，一方面赢得了继续交流的机会。最后一步便是挖掘客户需求，利益诱导激发客户兴趣。整个推销过程张弛有度，步步为营，正可谓是应对客户拒绝的最佳示范。

技巧解析

面对客户出于自身需求方面原因的拒绝时，销售员应该怎么样应对才更为有效呢？以下是一些参考技巧和语言示范。

1. 理解和尊重客户的选择。

销售是从被拒绝开始的，一个优秀的电话销售员，必定也是在被拒绝中成长起来的。所以当客户说"我对你们的产品没兴趣"时，销售员首先要以一份理解和坦然的态度尊重客户的任何选择，然后再尝试通过其他办法激起客户的兴趣，当客户迟疑没有作出决定时，电话销售员也不应过度着急，与其给客户施压，不如给客户留下足够的思考空间，这样还能为下一次的拜访留下一个好的印象。

2. 稳定客户情绪，缓和交流氛围。

人是情绪化的动物，客户也不例外。大部分客户购买是建立在感性的基础之上的，所以销售员最好先稳定客户的情绪，消除推销行为对客户产生的压力，缓和气氛，然后再寻求销售的突破口。

3. 挖掘需求，利用产品的额外价值激发客户兴趣。

客户对产品不感兴趣，一方面是因为他对销售员以及产品存有戒备，另一方面是因为他没有购买的需求。销售员要想打开突破口，就需要想方设法挖掘客户的需求，给客户介绍产品，提供额外的超值服务，以激发其购买的热情。比如，增加产品功能、延长售后服务期限、提供免费维护等，都可以增加客户对产品的认可度。

针对客户的此类拒绝，销售员还可以参考以下的一些应对技巧。

"您这么说很正常，在我今天的拜访名单里有三个人和您的想法一模一样，但是前两个最后都购买了我们的产品。"

"您不感兴趣这很正常，因为没人在还不了解产品的情况下就无缘无故地就想要购买。"

"您可能误会了，我给你打电话并不是为了推销产品，而是想……"

"是不是刚才有人给您推销东西了，您把我当成是刚才那个人了吧？"

口才训练 3：应对"我得和……商量商量"

在电话销售中，常常会碰到这样一类人，在产品介绍完之后他们并没有提出什么异议，但是当真正到了成交的关键时刻，他们却说要和家人、朋友或者合作伙伴商量商量。比如："嗯，我知道你们的产品非常好，可是我觉得我应该回去和老婆商量一下再决定。""我需要和我的搭档商量一下。""我需要听一听经理的意见再做决定。"这个时候，销售员要提高警惕了，他们需要和某人商量商量，是真的没有决策权，还是把它当作一个拒绝购买的借口。如果只是一句托词，那就说明销售员的产品介绍还不到位，并没有获得他们全部的信任。

口才训练

电话销售员："王总，您好！我是××自动化设备有限公司的小张。"

客户："你好，有什么事情？"

电话销售员："是这样的，听说王总您打算给厂里购置一台热风回流焊锡机，是吗？"

客户："哦？是不是宋经理打电话告诉你的？"

电话销售员："是的，王总！"

客户："这事我不能自作主张，还得跟合伙人再商量一下，你先等等吧。"

电话销售员："哦，我想了解一下贵公司购置设备的决策流程，不知道王总是否方便透露一下？"

客户："我们得商量一下，做一下评估，毕竟买新设备需要花费巨大的金额。"

电话销售员："哦，理解理解，那您大概什么时候能决定，我好跟您联系？"

客户："明天下午咱们再联系吧。"

电话销售员："好的，王总再见！"

<hr>

口才训练解读

对于一个家庭或者一个公司而言，有的时候购买一件产品费用比较高，情况比较复杂，单凭一个人是决定不了买或者不买，所以找个人商量商量也很正常。不过，"我得和……商量商量"也有可能是客户婉拒的一个借口。

不过就上述口才训练分析，客户王总的言辞诚恳，且有理有据，并不是推脱之词，所以销售员在确定客户拒绝理由的真实性之后，当即询问对方的决策流程，以便及时预约再次沟通的时间。当然了，碰到这样类似的情况，电话跟踪很重要，搞清楚真正决策者的身份也很重要，只有取得具有完全决策能力的人的信赖，产品成交才有希望。此外，销售员在跟进最大决策人的同时也要和其他决策者保持良好关系。

技巧解析

当"我得和……商量商量"成为客户拒绝的一个托词时，销售员应该采取什么样的破敌之策？

1. 找出客户真正的抗拒点。

每个人都有本能的自我保护意识，所以客户真正的抗拒点并不会轻易让销售员捕捉到。为了探究到客户真正的顾虑所在，销售员不妨这样引导客户："请问是什么原因让您做出这样一个决定的呢？您是需要听一听其他人的意见还是想让其他人帮助您分析心中的疑虑？"当客户本能地否认心中的顾虑时，销售员便可乘机追击，列举出客户可能会拒绝的原因，并逐一排除。

比如，"请问是什么原因让您现在不容易做出这个决定呢？您是觉得产品质量有问题吗？"如果客户否认，那就紧接着询问其价格、服务、售后等顾虑因素，一直这样不断地问下去，客户一定会说出那个最隐秘、最根本的考虑因素。等找到客户的真正抗拒点之后，销售员便可以根据其顾虑制定出相应的化解策略。

2. 化解客户的抗拒点。

如果客户对产品的价格有异议，那么销售员可以通过比较法、价值法、分割法来说服客户；如果客户对产品的质量有异议，销售员应该列出具体数据，介绍检测方式与手段等，使客户对产品的质量深信不疑。此外，销售员还可以着重强调产品的实用性以及产品之间的差别与优势来化解客户的抗拒点。

口才训练 4：应对"我先了解一下相关的资料"

在接到陌生的推销电话时，很多客户通常以"邮寄资料先了解一下"为由拒绝销售人员。没有经验的电话销售员听到客户这样的说辞会信以为真，欢呼雀跃，觉得成交有望，但其实这只是客户放出的一个烟雾弹，即便销售员真的把资料传给他，他也不会认真翻看，有的甚至直接丢到垃圾桶里。所以，面对此类的拒绝之词，电话销售员不要只是答应下来，还应该采取其他策略推动销售活动继续前进。

口才训练一

电话销售员："您好，赵总，我是××教育培训中心的李威，您现在方便接听电话吗？"

客户："方便，你说吧。"

电话销售员："赵总，我们公司现在有企业信息化建设方面的培训课程，我听一个朋友说您可能对这方面的内容比较感兴趣，所以就打电话跟您联系一下。"

客户："哦，那你把资料先发过来吧，我了解一下再说。"

电话销售员："好的，赵总，我这就给您邮寄过去，您大概什么时候能看完，我再打电话跟您联系，明天还是后天呢？"

口才训练二

电话销售员："您好，请问您是王经理吗？"

客户："我就是，你哪位？"

电话销售员："我是××科技有限公司的小张，前几天咱们还电话交流过，跟您谈了那么多，真的让我受益匪浅，到现在您的话都言犹在耳。"

客户："不好意思，我现在真的对咱们聊过的内容没有印象了？"

电话销售员："王经理，您的工作每天安排得满满当当，忘记这种小事儿也不足为怪。我上次和您聊的是关于生产设备的问题，我预估了一下，我们公司生产的 ×××× 型机器能让您公司的生产效率提高 50% 以上。"

客户："哦，那你把设备资料先发过来，我看完之后再做决定吧！"

电话销售员："好的，王经理，但我还有一个问题想请教您。"

客户："请讲。"

电话销售员："王经理您让我发资料，这是不好意思当面拒绝我呢，还是真的要考虑一下？我问得有点儿直接，望您谅解。"

口才训练解读

客户要求先了解一下资料是电话销售员在工作过程中常见的一种婉拒方式。针对这一问题，电话销售员首先应该满足客户的要求，但同时不要对这份资料抱有太大的期望，而是应确认好下次访问的时间，争取进一步沟通的机会。这样还能增进与客户之间的熟识度，对销售发展有利。对于这样的应对方式，口才训练一的销售员就给大家做了一个很好的示范。

口才训练二中销售员的做法也具有很大的借鉴意义。当客户说"你把设备资料先发过来"时，销售员采取开门见山的提问方式堵死了客户的后路。如果客户说肯定会看，电话销售就可以督促他看发过去的资料，然后再用第一个方法向客户确认回访时间；如果客户否定了要看的想法，那么销售员就可以抽丝剥茧，逐步追查其拒绝的理由。哪怕最终后面的谈话破裂，那也比坐等一个没有希望的客户要强很多。

不过，销售员需要注意的是，开门见山地提问语气不要过于严肃，否则客户会因为你的不信任产生反感的情绪。

技巧解析

当客户要求先传送资料了解一下时，电话销售员可以用下面的语言方式和策略加以应对：

1. 着重强调资料解说的重要性。

如果客户说："你先把资料发到我邮箱里吧。"电话销售员可以这样回："好的，我稍后给您发过去。但有一点我不太放心，因为我们这个保险方案里有很多专业名词，您可能会看不太懂，会影响您的阅读效果，所以我还是想给您当面介绍一下。"

电话销售员这个婉拒的理由可以让客户放弃原来的想法，并且迅速扭转自己被拒绝的被动局面。

2. 递送资料后要及时回访。

满足了客户邮寄资料的要求后，销售员需要及时做好电话回访工作。在回访中，了解客户是否已经阅读过资料，进而探究其真实的购买意愿，这有利于你做出下一步的工作安排。

3. 事先做好资料整合工作。

为了更好地唤起客户购买的兴趣，销售员在打电话之前最好把将要传递的资料搜集整理好，并且把每一份产品的卖点和优势恰如其分地分析总结出来。

口才训练5：应对"我们已经找到合作对象了"

在客户众多的拒绝说辞中，"我们已经找到合作对象了"这句话是较为常见的。客户抛出去这句话就是想让销售员觉得自己已经"名花有主"，即便再死缠烂打也没有任何意义了。很多资历尚浅的电话销售员听到这样的说辞大多都会信以为真，知难而退。其实这个世界上没有挖不倒的"墙角"，只有挥不好的"锄头"。要想轻松化解客户的此类拒绝，只需掌握一些恰当的技能和策略即可。

口才训练

电话销售员："您好，请问李总在吗？"

客户："你好，我就是。你是哪位？"

电话销售员："很高兴认识您，李总，我是××公司的张伟，您叫我小张好了。"

客户："哦，你打电话有什么事儿？"

电话销售员："是这样的，李总，我们公司是专业从事各种机械加工的，我的一个朋友让我跟您联系一下，说贵公司目前需要多台大型数控车床，是这样吧？"

客户："是啊，不过我们已经找到合作对象了，还是算了吧！"

电话销售员："我当然知道您有其他的供应商了，购置车床是一笔不小的开支，货比三家，择优而选，这很正常。"

客户："呵呵！我们建立合作关系已经有不少年头了。"

电话销售员："这个我也了解，我也知道您的供应商都是特别有实力的，但是我们现在生产的车床在价格上、质量上的优势还是很明显的，相信我介绍完之后您一定不会失望的。"

客户："好吧！你跟我说说吧。"

口才训练解读

当客户拿"我们已经找到合作对象了"作为托词拒绝电话销售时，销售员首先必须保持一份从容坦诚的态度与之周旋，同时要记得用恭维的语言赞美客户的供应商，随后再提出自家产品的独特优势，以引起客户的兴趣。这样既间接地夸赞了客户的合作眼光，同时又把自己的独特优势介绍给了客户。当然，在具体介绍时，电话销售员切忌盲目自夸或者贬低竞争对手，这样只会让客户觉得滑稽可笑。

上述口才训练中的销售员就是通过先赞美竞争对手，后凸显自我优势的方式获得客户的好感，进而争取到继续推销的机会。

技巧解析

当客户以合作对象作为挡箭牌拒绝推销时，销售员应该如何理智化解？

首先，在销售之前，销售员要做好规划，对自己产品的优劣了然于胸，并且对于客户的背景和需求也要了解得一清二楚，这样才能稳操胜券，将产品的优势与客户的需求相联系，从而提高双方成交的概率。

其次，在电话推销之初，销售员要懂得以一个"资讯提供者"的身份与客户沟通，而不能一开口就销售自己的产品。这样做的目的就是为了避免客户将销售员拒之门外。

市场行情的变化信息对于客户而言弥足珍贵，销售员在介绍产品之前若能够关心一下客户的生产、销售情况，再有目的地介绍行业与市场信息，相信很容易激发客户继续了解的欲望。

当销售员在客户心中建立了一定的信任后，就可以针对客户的需求特点、客户所在行业的发展趋势的要求，或与竞争对手的比较优势，向客户提出一个比竞争对手更符合其需求的有竞争力的解决方案。有了以上的分析和对比，相信客户信任的天平会渐渐倾向于电话销售员这一端。

口才训练 6：应对"我看不到，不放心"

客户对销售员的热情介绍无动于衷，这并不表示他另有选择，很有可能他觉得隔着电话，看不见、摸不着，如果贸然在产品或服务上投入金钱，很有可能会面临风险。在电话销售中，要想让客户获得安全感，销售员首先要做的就是想方设法打消客户的顾虑，消除客户的担忧。

口才训练

小宇是某汽车公司的一名电话销售员。刚开始涉足这个行业的时候，他的业绩一直很不理想，为了能够让自己有一个突破，他能尝试的改进都做了，但结果都不尽如人意，无奈之下，他不得不请来了一位同行的老同学帮忙。这位老同学在该行业摸爬滚打多年，资历很深，经验也比较丰富，在分析了小宇的情况之后，他给出了这样一个建议：给客户为期两周、百分之百的"不满意就退钱"的保证，新车、旧车一样可以退换。听了老同学的建议，小宇如法炮制。

客户："买车可是一件大事，要花不少钱的。对于这种电话销售我可不放心，看不见、摸不着的，谁知道你是不是骗子。"

小宇："大哥，您有这个顾虑我非常理解。的确，现在骗子很多，您防着一点也是好的。不过我们是正规的 4S 专卖店，出售新车、原装配件、维修检测保养、保险、汽车召回等一系列服务，一应俱全。而且我们店只经营某一个特许经营品牌的系列产品，从经营上就保证了专一性、专业性及保障性。您若是不信，可以过来看看。我们店的具体地址是北京市朝阳区××路××号。"

客户："是吗？现在哪家店不说自己很正规啊？"

小宇："大哥，我知道现在不管我怎么说，您都不太相信，因为毕竟咱们中间隔着一个电话。这样吧，您抽个时间过来看看，我们店作为厂家授权的区域代理，有着长期、稳定的商品车渠道，车辆安全可信赖！您买下要是不满意的话，我郑重承诺可以给您退钱。"

客户："你说的是真的吗？"

……

口才训练解读

对客户来讲，待在一个熟悉的环境里非常有安全感，但是一旦让一个新的东西进入自己的生活，那将意味着打破原来的平衡感，面临一定的风险和忧虑。再加上电话销售看不见、摸不着，给不了客户购买所需要的安全感，所以销售受阻在所难免。

销售员要想提高自己的销售业绩，一定要懂得打消客户"看不到，不放心"的顾虑心理，努力满足客户的安全需求。口才训练中的销售员在通话之初，无论把自己的店说得多么正规，客户看不到，摸不着始终不会相信。但是当他把"不满意就退钱"的承诺抛出去之后，就相当于给客户吃了一颗定心丸，他们感受到了小宇的诚意，自然就渐渐打消了心中的顾虑，从而为双方的成交创造了可能。

技巧解析

针对客户"看不到，不放心"的顾虑，电话销售员可以从以下几方面着手，帮助他们消除顾虑，给予他们心理上的安全感。

1. 用专业知识化解客户的顾虑。

为了让客户心里更有安全感，销售员必须练好内功，不断加强自身的业务能力，从而给客户树立一个专业的形象。专业是质量的保证，销售员对产品了解得越深，越容易获得客户的信赖，信誉度和能力也就越高，双方成交的概率也就随之越高。反之，如果销售员对产品的专业知识都不是很了解，一知半解的产品介绍怎么能获得客户的信赖和认同呢？所以，要做到让客户有安全感，就必须保证客户不会对销售员的能力产生怀疑。

2. 给予客户经济安全感。

俗话说，予人方便也是予己方便。如果电话销售员能够学会帮经销商、客户做规划，帮他们寻找市场、打开销路，给予客户一定的经济安全感，为客户规避潜在的风险，那么双方更容易达成共识，从而实现共赢。

3. 对产品潜在的风险坦诚相告。

有的电话销售员一推销产品就大肆宣扬产品的种种优势，而对于产品的缺陷或者潜在的风险讳莫如深。实际上，这样的做法是非常愚蠢的。没有一件产品是十全十美的，客户也明白这样的道理，销售员越是对产品的缺陷遮掩，客户就越想一探究竟。与其闪烁其词，不如坦坦荡荡，跟客户说明这些风险，这样反而会让客户感受到："原来你也在关心我的安全，而不是只想着我的钱。"这也不失为一种取得客户信赖的方式。

4. 提供可信的售后保障。

售后服务是销售最重要的环节。提供一个坚如磐石的、可靠的承诺书或者保证书，就相当于给客户吃了一颗定心丸。它能够最大限度地降低客户购买的风险，有力消除客户心中的顾虑，提高产品成交的概率。

口才训练 7：应对"我没钱，买不起"

拒绝是客户习惯性的反射动作，几乎在每一个销售环节都有可能发生，尤其是电话销售这个模式，遭拒的频率会更高一些。根据相关的数据显示，电话销售人员打 100 次电话，几乎有 99 次会遭到拒绝，而拒绝的理由也是五花八门，其中"我没钱，买不起"就是最常见的一种。面对这样的销售窘境，无论客户出于何种心理动因，电话销售员都不可以轻言放弃，正确面对拒绝，透过表象分析问题的原因，才是理智之举。

口才训练

冯秀玲是某家保险公司的一名电话销售员。虽然她从事这个行业的时间并不长，但是因客户支付能力而遭拒的情形却很多。

客户："我没钱买你们的产品！最近经济压力挺大的！"

冯秀玲："您的想法我可以理解。不过您经济压力只是暂时的，它会随着您收入的增加不断得到缓解。只是在这个过程中，疾病、风险、意外有很大的不确定性，更不是人为就能控制得了的。万一降临在自己身上，个人要承担全部风险，更有甚者还会丧失赚钱的能力。这样得不偿失啊！"

客户："再说吧，我现在真的没钱。"

冯秀玲："正是因为您没钱，所以我才推荐您用这种产品来省钱呀。"

客户："省钱？你开玩笑呢吧？"

冯秀玲："是啊，现在的人一怕买房，二怕生病，这两项可都是大开销。试想如果您有一天突然失去健康，您忍受的不仅仅是身体的折磨，更可能背负的是沉重的经济负担。重大疾病轻则几万元，重则几十万元，巨额的医疗费用像是一个无底洞，有的时候足以摧毁一个家庭。再说了，您现在上有老，下有小，如果万一有什么特殊情况发生，你连最基本的医药费都付不起，还有什么经济能力养活他们呢？所以从这个角度来说，保险就像汽车上的备胎一样必不可少，而且在关键的时候还可以帮您省很多钱。"

客户："你说的有道理，但我还是觉得承担不起。"

冯秀玲："假设你有足够的支付能力，您还会考虑买保险吗？"

客户："那我肯定会买的，可是你也说了，那是假设啊！我听人家说保费一年就好几千元，我怎么能付得起？"

冯秀玲："其实我觉得你多虑了，我给您推荐的这个保险方案一点儿都不贵，您每天只需节省8元钱，将来就会获得一份很大的保障……"

客户："每天只要8元啊，那我考虑一下。"

口才训练解读

在中国人的语言习惯里，有一个词叫"心口不一"。因此，电话销售员在碰到类似口才训练中的拒绝理由时，不要急着打退堂鼓，也许"我没钱"只是他看不上产品而随便编的一个谎言，也许他内心的潜台词是"你推销不就是想从我这里拿到钱吗？我现在没钱，你还有什么好说的？"当然了，也不能完全排除客户支付能力受限这个可能。

对于这样的销售困局，聪明的销售员在游说未果的情况下，通常都会利用一些排除法辨明客户言论的真假，然后再进一步制定有效的应对策略。口才训练中的电话销售员冯秀玲就是一个很有方法的人，当受到客户再三拒绝时，她采用一句"假设你有足够的支付能力，您还会考虑买保险吗？"的话验证了客户拒绝理由的真实性，然后再运用"以小藏大"法慢慢说服客户接受保险产品的价格，从而达到销售的目的。

技巧解析

当客户说没钱时销售员的应对技巧如下。

1. 拉拢客户的心。

最简单的方法就是先附和客户的意思，表示对其说法的理解，这样既有利于缓解双方之间尴尬的氛围，同时又可以增加客户的好感度，让他觉得你不是一个仅仅盯着他口袋里钱的销售员，而是一个懂得理解他，愿意站在他立场上考虑问题的暖心的人。

2. 让客户心情放轻松。

待取得客户的好感和信任之后，销售员不妨采取缓兵之计："你没钱没关系，我们可以先做个朋友啊！"这个很重要！先让客户的防备之心放松下来，再做要求。中国人面对这样热情的请求，一般都不好意思说"不"。当你以一个朋友的姿态与客户交谈，他们大多都会放下戒心，心情放松，打开话匣子与你畅所欲言，这样就会为进一步的推销奠定良好的感情基础。

3. 向客户寻求帮助。

认了朋友后，电话销售人员就可以"以朋友的名义"发问："既然我们是朋友，你可以帮我做件事吗？"当然这个帮忙并不是以情感绑架客户消费，而是请求其配合做一个产品的调查，问出客户不买产品的真正原因，这样就可以为下一步的销售寻找到突破口。

4. 针对理由，各个击破。

当客户在销售员步步"紧逼"的形势下，通常都会想找一个借口搪塞销售员，这时候，销售员可以为客户设置一个假设性的问题："假如您没有经济压力，是不是就会买这个产品？"这是一个过滤手法，客户很可能心生惶恐，连忙说："不是这样，还有别的原因……"这样抽丝剥茧，把不相干的理由一一滤掉，就可以探知客户心里真正的想法。在了解客户内心活动的基础上，销售员便可有针对性地调整销售策略，对症下药。

5. 粉碎成交的最后一个障碍。

如果客户所说的情况属实，产品的价格真的超出客户的支付能力，那么销售员也可以在保证客户有稳定收入的基础上通过让客户分期付款、向客户提出合理建议、替客户挖掘潜在资金、让客户延期付款、让客户试用等方法化解销售难题。

口才训练8：应对"这事不归我管，你找其他负责人吧"

销售是一个高薪的职业，同时也是挑战性极大的行业。很多时候客户碰到电话推销的人员，大多不理不睬，直接挂断。当然还有一部分人会以"这事不归我管，你找其他负责人吧"这样的托词来拒绝推销，这让电话销售员处于非常困难的境地。通常来讲，吃了这样的闭门羹，电话销售员最好不要直接询问负责人是谁，而是找一些客户不会反感的话题与之交流，等建立起一定的信任和感情之后再继续自己的销售。

口才训练

电话销售员："您好，请问是李经理吗？"

客户："嗯，是的，你是哪位？"

电话销售员："李经理，您好，贵公司最新签订了一批 ×× 的合同，而要生产出 ×× 肯定需要一批 ×× 材料，是吧？"

客户："你这是想给我推销 ×× 材料吧？"

电话销售员："李经理，您真聪明，一下子让您给猜到了，呵呵。"

客户："这几天，给我推销这种材料的人数不胜数，告诉你吧，这事我不负责，你找其他人吧，别再给我打电话了！"

电话销售员："哦，那真是抱歉，李经理，打扰您了。"

客户："那倒没有什么，不过这事真不归我负责，您还是找真正的负责人吧。"

电话销售员："李经理，我知道您在公司有举足轻重的地位，采购材料的事情即使您不过问，那他们也肯定会先征求您的意见，所以我想麻烦您给我做一些指导。"

客户："这小伙子说话还挺中听的，你说吧，要问我什么。"

电话销售员："请问李经理，贵公司这个项目需要的 ×× 材料……"

（电话销售员成功和客户攀谈了起来。）

口才训练解读

世界上每一件东西、每个人都是有价值的。如果电话销售员碰到的恰好不是负责人，那也不必弃之不顾。口才训练中的电话销售员面对这样的境况，就成功地用诚意和尊重打动了客户。"您在公司有举足轻重的地位""他们也肯定会先征求您的意见""麻烦您给我做一些指导"，这些赞美和请教的话激起了客户的虚荣心，进而为销售员赢得了进一步交流的机会。

技巧解析

通常来讲，面对客户"这事不归我管，你找其他负责人吧"这样类似的拒绝，电话销售员首先要缓和气氛，然后设法培养客户对自己的好感。这是最明智的做法，只有那些不谙世事、经验匮乏的电话销售员才会问"那是谁负责呀？""那真正的负责人是谁，您告诉我吧"等，这样的问题一出，客户多半会拿"不知道"搪塞你。

当然了，客户称自己不是负责人，多半是为了摆脱销售员的纠缠，如果销售员一直反问客户负责人到底是谁，反而会招来客户的厌恶之感。

化解此类拒绝，电话销售员的应对技巧示范如下。

"您果然是一个性情中人，我明白您对推销的东西不感兴趣。要不咱们聊聊别的话题好吗？"

"您这么说很正常，被销售员打扰确实是很不愉快的体验，但我知道您是一位非常负责任的好领导，所以这件事情还是希望您能关注一下。"

这样恭维的沟通技巧很容易激发客户的虚荣心，出于被认可、被赞扬的心理需求，客户一般不会拒绝接下来的谈话。

口才训练 9：应对"到了有条件的时候再买"

在电话销售中，就算客户对产品的质量、性能和优势了解得一清二楚，并且也产生了一些购买的欲望，可他们未必就能当场做出购买的决定。对于此类情况，他们常用的托词是"我非得今天购买吗？下月再买不是一样吗？"这表明产品对于客户来讲并不是迫切需要，所以他们才在购买时间上拖延。其实，等到有条件的时候，客户或许早忘了这回事，并不会真正去购买，这只是客户的一种委婉拒绝的方式罢了。

口才训练

小丽是某医药厂的一名电话销售员。最近他们厂生产出一种最新药品，而且疗效确实不错。小丽在了解完关于这种药品的性质、效果及市场行情等信息之后，便开始拨通了某医药采购部主任的电话，经过一番寒暄后，小丽进入了主题。

小丽："这药是我们厂最新的一项科研成果。它采用科学配方精制而成，它的主要成分是……主要是治疗……经临床试用，治愈率达95%以上。由于疗效不错，很多专家都一致给出了很高的评价，还有一些因此药而受益的患者也写来了感谢信，充分肯定了这种药的作用。"

采购部主任："哦，是吗？这么神奇？不过我们医院现在不需要，等到了下个季度再买吧。"

小丽："现在的医药市场您又不是不了解，一种产品一旦打出了知名度，立即就会有许多假冒的同种商品出来。这会儿这种药品一投入市场就得到很好的反响，用不了多久，很多不正规的医药厂便会纷纷群起而效仿。到时，您就真伪难辨，要是买到假药，会给贵院的名声造成不好的影响。趁现在刚上市，不会有假冒的商品，您赶紧考虑一下这件事情多好啊！"

采购部主任："你说的也有道理。"

口才训练解读

如果客户以"到了有条件的时候再买"为由拒绝，这说明他们做事非常谨慎，买东西的时候小心翼翼，心里没底，生怕上当吃亏。在上述口才训练中，为了打消客户对产品的质疑，电话销售员小丽首先介绍了产品的成分和功能，其次还借专家的嘴和患者的感谢信说明了药效。当得知客户因为心里没有把握而做出延时再买的决定时，销售员又用市场乱象说明了及时购买的重要性，当然，也正是这样一段话慢慢地改变了客户原来的想法，从而使得成交有了可能。

技巧解析

面对客户延时购买的拒绝，电话销售员该怎么做才能让客户放心，促使双方快速成交呢？具体可以参考下面的这些方法。

1. 给客户营造一种时间的紧迫感，先发制人。

为防止客户拖延，我们可以向客户强调彼此时间的宝贵。比如，"据我所知，像您这样的老板一般都事务繁忙，惜时若金，所以我想请您今天就做个决定，如果觉得合适，我们会尽快为您办理相关手续，让您早日享受这份保障。"

如果客户推托，销售员可以继续说："如果您觉得不合适，也就不用再浪费您的时间来看这份保险了，是不是？"

在客户说出延迟购买的话语之前，销售员可以采取上述类似的沟通技巧来降低客户拖延的可能性。

2. 着重强调拖延带来的负面影响。

对付客户犹豫的最好办法，是以翔实的资料和充分的证据让客户意识到延迟购买将会造成的损失。在销售过程中，购买的最佳时机是对付客户拖延最有力的武器。如果客户此时不买，那么销售员便搬出"最佳时机"这把利器，让其感觉到拖延购买会有什么损失，这样就很容易打消他们原来的想法。

不过，销售员在强调购买的最佳时机时，必须向客户介绍当今这种商品在市场上的行情，生产这种商品厂家的情况及客户对这种商品的需求等方面的情况，这样才能有理有据，建立起客户的信任。

3. 满足客户的自尊和虚荣心。

在销售中，要避免客户犹豫，销售员还可以通过夸赞客户有主见来达到成交目的。每个人都有自尊心或者虚荣心，如果销售员这样夸奖，客户通常都会放弃拖延的打算。

比如，对年长者电话销售员可以这样说：

"跟您这样有经验且又有能力的人谈话，真的是一种享受，您知道，现在很多年轻人都不知道怎么做决定。"

"真美慕像您这样有主见又有经济实力的人，买一份保障是分分钟的事儿，像我们这些年轻人，就是典型的'月光族'，不知道什么时候才能像您一样给自己买一份保障啊。"

对年轻人：

"真美慕你们这些年轻人，做事有冲劲、有魄力，不像我们这些上了年纪的人，一碰到事儿就左思右想，裹足不前，生怕自己犯什么错。"

"真美慕你啊，咱们的年龄相仿，你都已经是一个公司的老总了，而我还在靠打工挣点微薄的工资呢。"

对男士：

"先生，大丈夫一言九鼎，驷马难追，我相信您在家一定是主心骨，这份保险买不买都是您说了算。不过，我们的这份保险方案确实很适合您家庭的需要，我想您的太太也一定会夸您眼光好的。"

对女士：

"我很欣赏像您这样的现代女性，自己的事情自己说了算。"

口才训练 10：应对"不买就是不买"

在电话销售中，经常可以遇到这样一类客户：脾气非常轴，一旦决定某件事情九头牛都拉不回来。有的时候对产品不满意，不管销售员说破"天"，他都是那一句话："不买就是不买。"面对这样的客户，轻言放弃肯定不是一个优秀的电话销售员该做的事儿，继续说服，客户仍旧不买，这样进退两难的尴尬境地应该怎么化解呢？古人说："穷则变，变则通，通则久。"其实如果电话销售员能够转换一下销售的思路，稍加变通，就很有可能会出现转机。

　　小王是某保险公司的一名电话销售人员。他头脑灵活，专业知识和技能又掌握得非常扎实，因此签了很多的单子。

　　有一天，他给一位名叫张恒的客户推销保险。可是在拨通电话说明来意之后，张恒一句"我不需要"，就把他的电话给挂断了。不过小王并没有放弃，一直坚持不懈地拨打着电话，最后一次张恒彻底恼怒了，接起电话愤怒地说道："我不买就是不买，你再这样骚扰我，我可打电话报警了啊！"

　　看到张恒这样的态度，小王自知拨打电话这条路已经行不通了，于是他开始通过其他一些途径了解张恒。经过一番调查后，他了解到张恒本来是学室内设计的，现在投资了一家矿山，前几年矿产品经营状况十分好，他才花大价钱买了一套高档住宅小区。此外，张恒的室内装饰，都是他自己设计的。这个消息，让小王茅塞顿开。他马上去拜访张恒。

　　这次敲开门，小王作了自我介绍之后，直接坦率地说："我今天不是向您推销保险的，我听说您屋内的装饰装修全是自己设计的，我刚刚正好买了一套房子也准备装修，不过没有什么经验，所以特意向您请教的，希望您不吝赐教，多指导指导我。"张恒听到小王要请教，于是客气地把他请了进去。小王一边参观、一边赞叹，同时，就一些装修的问题，虚心地向张恒询问。张恒本来就对自己的设计水平引以为傲，听小王询问，忍不住心花怒放，把他所学的专业知识都搬了出来，仔细地讲解。小王很崇拜地说："您说得这么专业，简直就是一位大师，我今天真是不虚此行啊！"张恒假装谦虚地说："这有啥，术业有专攻，我本来学得就是这个专业。"小王说："怪不得！您的设计理念非常符合我的个人品味，我也要在这里装个吧台，那里放个酒柜，餐桌在这里，沙发在那里……"

　　两人谈得兴致盎然，直到很晚小王才从张恒家离开。至此之后，张恒就对小王建立起了信任和好感，觉得他就是自己一位志同道合的朋友。没过几天，张恒就愉快地从小王那里买了一份保险。

对于一个电话销售员来说，遇到客户中的"顽固派"也是常有的事儿。这时，销售员就要善于变通，不妨借鉴一下口才训练中小王的行为，如果强攻不行，就暂时把销售放一放，通过其他的途径深入了解客户，寻找突破点，然后再采取相应措施让客户对你产生好感，这种迂回曲折的方法可以大大降低成交的难度。

电话销售员在应对客户"不买就是不买"的强硬拒绝时，不可鸡蛋碰石头，自取灭亡。如果不懂得自避锋芒，那么势必增加客户的厌恶和不满。如此一来，成功推销的可能性几乎就没有了。

在化解这一销售难题的时候，电话销售员最好使用迂回曲折的方式先了解客户的想法与需求，了解其"不买就是不买"的原因，然后改变自己的营销策略，主动去适应客户，以此来寻求新的销售突破口。

第五章　说到心坎里，"约"到点子上

　　电话约访是销售的关键步骤。如何把话说到客户的心坎里，打消其顾虑，使之顺利答应邀约的请求，是电话销售员在约访过程中首要解决的问题。一般来讲，换位思考、封闭式提问、紧抓客户的兴趣点、惯性引导等都是成功约见客户的语言沟通技巧。

口才训练 1：站在客户的立场上交谈

从前，一个牧民家里养了三种动物，它们分别是猪、绵羊和奶牛。一天，这个牧民将猪从畜栏里捉了出去，只听猪大声号叫，极力挣扎。绵羊和奶牛听了猪的惨叫，十分不耐烦地说道："我们经常被主人捉去，都没像你这样大呼小叫的。"猪听了回应道："捉你们和捉我完全是两回事，他捉你们，只是要你们的毛和乳汁，但是捉住我，却是要我的命啊！"

立场不同，所处的环境不同，心里的想法自然也会不同。正所谓"子非鱼，安知鱼之乐？"电话销售员要想把话说到客户的心坎里，就要学会换位思考，站在客户的立场上交流，这样才会与客户产生共鸣，从而成功完成邀约的任务。

口才训练

电话销售员："早上好，赵先生！"

客户："你好，哪位？"

电话销售员："我是 ×× 保险公司的理财顾问 ××。赵先生，我们公司最近推出一款新的保险产品，您每天只需要存 20 多元钱，当缴纳够 20 年后，就可以获得 20 万元的身故保险金，20 万元的满期保险金，再加上 12.5 万元的养老金，一共是 52.5 万元，也就是说 16 万元可以变 50 多万元，非常划算。如果您有兴趣了解的话，我今天下午去您家拜访，咱们详细谈谈这份保险的相关事宜。"

客户："这份保险听起来不错，不过按照我目前的收入水平，即便自己不买保险，将来也是能攒下养老的钱。"

电话销售员："是这样的，我个人认为保险就像一把雨伞，起一个预备保障的作用。您暂时不买这把伞可能因为最近一段时间都是阳光明媚的大晴天，但是谁都不能保证以后就没有暴风骤雨。您目前的收入稳定，生活质量也很高，但并不代表以后就一定不会发生一些特殊情况，对吧？"

客户："你说的有道理。"

电话销售员："所以我还是建议您花一点时间详细了解一下这份理财方案。您今天下午有时间吗？咱们约个时间面谈一下吧。"

客户："好吧，今天下午三点，我在家等你。"

口才训练解读

电话约见客户是需要技巧的。一个优秀的电话销售员总是懂得站在客户的角度上思考问题。口才训练中的销售员就是一个猜度人心的高手，他明白"16万元变50万元"对客户来讲是一个极大的利益诱惑，所以他从客户的利益角度出发，一直诱导客户见面详谈。当他的这一购买保险的建议没有得到客户的采纳时，这位聪明的销售员又站在对方的角度为其分析以后生活中的突发状况和风险，最终成功说服客户答应面谈的请求。

技巧解析

电话销售员要想成功预约到客户，需要懂得换位思考。

在实际销售过程中，客户一般接到销售员的电话，总是本能地认为销售员的目的就是为了骗他的钱，所以他们通常会找各种各样的借口拒绝面谈的请求。在这种情况下，要想找到约见的突破口，销售员要懂得换位思考，设身处地为客户着想，敏锐地发现客户的独特需求，进而采取恰当的销售沟通技巧。

一般来说，利益是客户关注的一个永恒话题，如果销售员能够从客户的利益着手，告诉他你推销给他的东西质量怎么样、价格如何、产品能给他们带来哪些好处和快乐，让客户感觉到销售员其实是站在他的角度上，为他带来实实在在的利益，慢慢地，他的抵触情绪就会消失，取而代之的是信任和约见。

口才训练2：言辞恳切，增加约见成功率

晏殊，北宋著名词人。他在14岁的时候被推荐参加过一次殿试，当时真宗给他出了一道题。看过题目后，晏殊发现这道题自己曾经做过，为了公平起见，他向真宗道出实情，并要求真宗重新出题。真宗见他如此真诚，便赐予他"同进士出身"。

诚恳是叩开心扉的最佳诀窍。古语有云："真者，精诚之至也，不精不诚，不能动人。"在电话销售中，销售员只有真诚地对待客户，方能得到对方的信任，从而增加约见成功率。

口才训练

客户："你们展会布置的效果怎么样？"

电话销售员："关于这一点，请您放心。我们是专业承接展台制作搭建、展厅制作、会议布置、舞台搭建等服务。拥有展览专业项目人员以及各工种专业团队，经验丰富，做工精细'一站式'服务。对展位的灯光、造型、色彩等这些小细节都会很在意，保证不会影响贵公司的产品展示效果！"

客户："可我还是担心最终的效果和预先设想的有出入。"

电话销售员："为了化解您心中的疑虑，我可以带您到展会现场去看看，这样您对展位会有一个比较直观的认识。如果您还有什么具体的要求，咱们一起商谈一下。您看如何？"

客户："这样也好，你定个时间吧！"

在上述口才训练中，客户对展会现场布置效果存在疑虑。电话销售员为了赢得客户的信任，争取到这次面谈的机会，始终抱着一份坦诚的态度，言辞恳切地向客户介绍自己的承接团队以及细微周到的服务，甚至还诚恳要求客户亲临展会现场看一看。客户自然感受到了他的这份诚意，同时出于考察展会的需求，于是顺利答应了销售员面谈的请求。

技巧解析

言辞诚挚恳切是电话约访成功的关键所在。电话销售员要想达成这一目的，可以从下面几点做起。

1. 语气同步。

俗话说"物以类聚，人以群分"。人们往往喜欢和自己志趣相投，步调一致的人在一起。销售员要想取得客户的信任，让他答应你面谈的请求，首先要让他感受到你的真诚，从客户的观点、角度去思考，和客户说话的语气保持一致，让他觉得被了解、被尊重，这样销售员会发现被拒绝的机会大大减少了。

2. 真诚地赞美。

赞美是拉近双方距离的有力武器。销售员通过恰当的赞美可以博得客户的好感，增加约见的概率。但是，赞美一定要真诚，是发自内心的，拍马屁不叫赞美，而是阿谀奉承。其实客户身上有很多具体的特点值得销售员去挖掘，并真诚地赞扬，没有必要说一些违心的话。曲意逢迎的赞美，不仅得不到客户的认可，反而容易让客户产生反感的情绪。

3. 把你的真诚从电话筒传过去。

在与客户进行电话沟通时，销售员要让客户感觉到你在认真听，思想上不要开小差。就算客户无法看到销售员的表情，销售员也要从表情上、动作上、语气上都表现出在认真地听对方说话，让客户觉得自己受到尊重和重视，这样才能为双方进一步面谈创造可能。

4. 用真诚回应客户。

电话沟通是销售员与客户双向的互动。如果销售员在打电话的过程中，没有得到良好的回应，一定会觉得客户没有购买的诚意。同样，假如客户在讲话的时候，如果听不到销售员的回应，他也感受不到你的真诚。因此，为了给客户留下一个好的印象，销售员在听到客户讲话时一定要适时地做出回应。比如，"好""非常好""是的""太棒了"等，这样可以让客户感受到销售员的真诚，从而得到客户的认同，也就更愿意和你见面交谈。

口才训练3：话语围绕客户的兴趣点，激发其约见的冲动

俗话说，酒逢知己千杯少，话不投机半句多。人们只有碰到自己感兴趣的、投缘的人或者物才会情绪高涨，畅所欲言。作为一名电话销售员要懂得这样的道理，推销技巧要围绕客户的性格特点以及兴趣爱好展开，这样才能赢得客户的好感，从而大大增加成功约见的可能性。倘若销售员对客户的兴趣点一知半解，无法投其所好，话说不到点子上，那么就很难激发其约见的冲动。

口才训练

小赵是某通信器材公司的一名电话销售员。他们公司产品的质量和技术水平，在业内是数一数二的，而且消费者的口碑也不错，所以他的销售工作一直做得顺风顺水。不过，最近小赵却遇到了一个令他头疼不已的客户。在一个多月的时间里，他曾连续给这位客户打了十几次电话，可是每一次都无功而返。

放弃是不可能的，因为他知道这位客户有很大的挖掘价值，一旦促成，每年都会有数百万的采购量，这可不是一笔小生意。

为了能和这位大客户见上一面，小赵思前想后，多方打探，终于得知这位客户的一个重大爱好：迷恋三国。为了投其所好，小赵特意买来了一本厚厚的《三国演义》认真研读起。一段时间以后，小赵已经是个"三国通"了。他觉得时机成熟了，就又拨通了那位客户的电话。

小赵："李总，您好。"

客户："你好，哪位？有什么事吗？"

小赵："我是××通信器材公司的小赵，今天打电话是想告诉您一个好消息。"

客户："是吗？什么好消息呀？"

小赵："××电视台最近开播了一档讲座式栏目，邀请的可都是名嘴名家啊！他们录的第一期节目就是关于《三国演义》的内容。我知道您和我一样都很喜欢这部名著，所以特意提醒您看一下，这里面有很多专家的真知灼见，您看完之后一定会有新的感悟。"

客户："真的吗？太好了。"

……

电话交流中，小赵全程都没有谈供货的事，而是把所有的话题都集中在了"三国"上。结果，两个人越谈越投机，越谈越兴奋，甚至有点相见恨晚的感觉。

相同的兴趣让这一次的电话交流氛围异常热烈，客户的心情也十分愉悦，小赵也因此打开了销售的突破口，成功约到了这位大客户。当然，没过多久，小赵成功地拿到了这位客户600多万元的订单。

口才训练解读

销售大师吉特默认为："如果你想把东西卖出去，就一定要按动他的'热键'"这个"热键"就可以理解为"客户感兴趣的话题"。在预约之前，销售员可以先投其所好，谈论一下对方感兴趣的话题，这个"热键"既可以为电话交流预热，也能给约见奠定良好的感情基础。

投其所好是一种练达、一种智慧，它可以直戳客户的内心，更可以激发客户约见的冲动。口才训练中的销售员小赵之所以能够成功邀约客户，并且轻松获得 600 多万元的订单，关键在于他打探到了客户的兴趣所在——《三国演义》。于是围绕着客户的兴趣点，小赵做了大量的准备工作。在电话交流的过程中，小赵也把讨论的话题引向客户感兴趣的地方，这样一来双方就有了共同的话题，在共同爱好的驱动下，双方的心理距离也在慢慢拉近，约见也就顺理成章，签单也在意料之内。

技巧解析

电话销售员要想投其所好，围绕客户的兴趣点交流，首先应该学会如何寻找客户的兴趣点。

1. 事先有意识地收集客户的信息。

优秀的电话销售员在预约客户之前会做各种准备工作，竭尽全力收集有关客户的嗜好、学历、职务、成就、旅行过的地方、年龄、文化背景等方面的信息。有了这些信息，销售员就会知道客户喜欢什么、不喜欢什么，也就知道，在电话交流的时候应该围绕哪些话题展开了。

2. 善听多思，在沟通过程中发掘客户的兴趣点。

古人云：智者善听，愚者善言。聪明的电话销售员总是善于倾听客户的谈话，然后再从客户的只言片语中分析客户的性格特点以及兴趣爱好。当然了，有些客户的兴趣不是显而易见的，这就需要销售员注意在沟通中有意识地去发掘。比如，可以询问他准备去哪儿度假、他闲暇时喜欢做什么等，然后销售员就可以从他作答的语气以及兴奋程度来判断他是否对这一正在谈论的话题感兴趣；同时，客户无意识说的话、不断重复的内容、他所讲的关于自己的故事等往往是其兴趣所在，销售员需要多加留意。

3. 不断拓展知识面，给自己充电。

了解客户的兴趣是约见的基础，而能够围绕客户兴趣，与客户相谈甚欢，才是成功邀约的根本。要想做到这一点，销售员还必须不断丰富自己，拓展知识的深度和广度，这样才能让这些谈资发挥最大的价值，才能激发客户更深层的共鸣。

此外，客户不同，其兴趣点、关注点也不同。所以，电话销售员要不断拓宽自己的知识面，积累说话的素材，这样与客户交流的时候才不至于造成"驴唇不对马嘴"的尴尬局面。那么，作为一名销售员，如何积累谈话素材才能与不同的客户成为"同好"呢？

（1）多看报纸、杂志、书籍。阅读使人拓宽知识，增长见识，明理善辩。销售员应该多从这些报刊书籍中汲取能量，如果碰到有意思、感兴趣的新闻、好文章、有意义的话语等用笔记下来，积少成多，时间久了你就变成一个见多识广、口吐莲花的博学之人。

（2）对于国家、社会、各行业、各类圈子（体育、娱乐）等要多关心、多了解。比如，最近出台了哪些新的经济政策、热门的体育比赛赛事、有趣的热播电视剧等，都需要涉猎一二，以满足不同客户的谈话需要。

总之，电话销售员是一个挑战性很大的工作，需要上知"天文"，下知"地理"，这样才能在电话交流时围绕着客户的兴趣点高谈阔论，侃侃而谈。

4. 加强与客户的互动。

销售员在与客户通话的时候，为了激发客户交流的积极性，一定要及时地针对客户的讲话做出积极的反映。比如，用"对""是的""您说得没错""我也有同感"等词语作答。另外，发问也可以表现出你对其谈论的话题感兴趣，这样有利于话题继续深入下去。

口才训练4：封闭式提问法，提高约访成功率

在销售行业有一条黄金法则："能用问的，绝不用说。"经验丰富的销售员通常都会在销售的过程中用一些巧妙的提问来有意引导客户。一般来讲，提问分为两种类型，一种是开放式提问，另一种是封闭式提问。而根据常规的经验，封闭式提问对销售员约见客户更为有利。

那么何为封闭式提问呢？它是指提出答案有唯一性，范围较小，有限制的问题，提问者对回答的内容有一定限制，给对方一个框架，让对方在可选的几个答案中进行选择。封闭式的问题经常体现在"能不能""对吗""是不是""会不会""多久"等疑问词之间。这样的提问方式减轻了客户回答的压力，有利于加快销售员约访成功率。

口才训练

电话销售员："您好，我是××保险公司的刘元。"

客户："你好，请问有什么事？"

电话销售员："请问××先生在吗？"

客户："打电话有什么事儿？"

电话销售员："请问您是××先生本人吗？"

客户："我是。怎么了？"

电话销售员："是这样的，××先生，我和朋友聊天时，无意间得知他和您也认识，他说您平时很忙，是吧？"

客户："是的。"

电话销售员："是这样的，××先生，您的朋友前段时间在我们这儿买过一款保险产品，觉得挺划算的，他觉得您跟他的情况很相似，所以觉得您可能会需要，建议我把这款产品给您也介绍一下。最近我整理了一份有关产品的详尽资料，您看我是送到您家里还是办公室？"

客户："我哪个朋友？"

电话销售员："哦，当时我也问到这个问题，说实在的，你们关系虽然不错，但您是否真的需要他也不太确定，所以他拜托我暂时不要透露他的姓名。如果我说出他的名字相信你也不见得马上会买，对吧。"

客户："那当然！"

电话销售员："所以您看，您买不买其实和他的名字没有多大关系，关键还是要看产品是否合适您，您看我是送到您家里还是办公室？"

客户："你那个是什么产品？都有哪些保障功能？"

电话销售员："是这样的，咱们这款保险产品保障功能有……您每年只需交5 000元，20年后您就可以获得……我给您准备的资料里有详细的介绍，您看我是送到您家还是办公室？"

客户："那你送到我家吧！"

电话销售员："好的，您家的地址是不是在××××（核对）？"

客户："是的！"

电话销售员："您看我明天是 9 点去还是 10 点去？"

客户："10 点过来吧！那会儿我有空。"

电话销售员："好的，××先生，那咱们明天上午 10 点见！"

口才训练解读

封闭式提问是电话约见客户常见的提问形式，它没有给客户更多的选择的空间，用于获取更加具体和详细的信息，能有效缩短客户思考的时间，从而提高邀约成功率。

口才训练中的销售员在时机成熟的前提下，并没有让客户自由发表有关面谈的意见，而是直接让他在"9 点和 10 点""家里还是办公室"这两个限定性的问题中做选择，降低了客户选择的压力，加快了邀约的步伐，为成功销售迈出了重要一步。

技巧解析

电话销售员在使用封闭式提问时需要注意哪些问题？

1. 站在客户的立场上提问。

销售员在与客户约访时，要善于从客户的角度出发，不可以自己的角度为准，否则客户会觉得自己受到强迫，进而产生逆反心理。销售员只有给客户一种自己"当家做主"的感觉，他才会"乖乖"配合销售员，认真做出回答。

比如，"我周六去拜访您，还是周日去拜访您呢"和"我去拜访您一下吧，您看您是周六方便呢，还是周日方便呢"这两句话，前者销售员的强迫意味更为浓一些，而后者客户的选择权利更为大一些。由此可见，提问的角度不同，所蕴含的语义也不尽相同，销售员在邀约的过程中一定要注意这个问题。

2. 提出的选择限定在两个以内。

电话销售员在使用封闭式提问法的时候，选项最好不要多于两个，因为选择项越多，客户选择的压力就越大，做出决定的时间就越长，邀约的效率就越低。

3. 灵活应对客户的拖延。

电话销售员在与客户确定约见时间时，常会听到这样的回答："什么时候咱们见面以后再说吧。"面对这种情况，电话销售员最好不要信以为真，因为这极有可能是客户的"缓兵之计"，这只是他婉拒的一个借口而已。对此，聪明的电话销售员通常会这样说："先生，我知道您非常忙，我也不希望浪费您的宝贵时间。这样吧，咱们现在就约定一个您认为比较方便的时间，我觉得这样比明天再打电话麻烦您更能节省您的时间，您觉得呢？"这样的语言很容易让客户接受。

口才训练5：利用惯性心理，引导客户一"是"到底

在屋子最显眼的地方挂一个精致漂亮的鸟笼，过不了几天，主人一定会做出下面两个选择之一：把鸟笼扔掉，或者买一只鸟回来放在鸟笼里。这就是鸟笼逻辑。那么，主人为什么会有这两种必然的选择呢？其实原因很简单，只要是上门做客的人看见这个鸟笼，一定会惊讶地问："鸟呢？是不是死了？"当主人说自己从未养过鸟时，客人一定又会问："那你要一个鸟笼干什么？"最后主人不胜其扰，只得在两个选择中二选一。鸟笼逻辑的原因很简单：人们绝大部分的时候受惯性心理的影响。

惯性心理是心理模式的一种自发沿袭，它是指人们习惯用固定的角度来

观察和思考事物。这样的心理模式其实有很大危害，很多人都会被惯性心理所左右，思维守旧，做法僵化，固守在一个小圈子里很难进步。不过，凡事都有两面性，电话销售员可以利用客户的惯性心理，引导其一"是"到底，从而成功达成邀约的目的。

口才训练

电话销售员："您好，崔经理吗？"

客户："对，我是，你是哪位？"

电话销售员："我是恒晟智能工业设备有限公司的客户代表李飞。冒昧问一下，您公司肯定也有一台打印机，是吧？"

客户："那当然，打印文档、表格、照片哪个能离得开它呀。"

电话销售员："那您公司的打印机肯定也出现过字迹模糊或是返修的情况吧？"

客户："这两种情况也发生过，你有什么好办法吗？"

电话销售员："我们公司现在推出一款全新的黑白多功能激光一体机，打印、复印、扫描高效合一，高清分辨率，0秒预热，其返修率不到万分之一，价格也比同类型的产品低很多，对于您这种文化公司而言再合适不过了。我想，您也明白'时间就是金钱，效率就是生命'的道理，所以一定会同意跟我见面详谈的，对吧？"

客户："当然，我倒要见识见识你们这个机器到底有多好。"

口才训练解读

由于受惯性心理的影响，人们在思考问题时容易产生"盲点"。如果销售员在用电话向客户邀约时，遭到他们一长串的拒绝，那么成功邀约的可能性就微乎其微了。当拒绝已经成为客户的一种习惯时，销售员很难改变他的这种思维模式。因此，在邀约时，电话销售员要善于引导客户顺着你的提问一"是"到底，这样在惯性心理的作用下，客户会不知不觉答应你约见的请求。

在上述口才训练中，这名电话销售员正是由于提出了一系列让客户不得不回答"是"的问题，所以约访工作才会朝着对销售员有利的方向发展。

技巧解析

电话销售员在利用惯性心理引导客户的时候需要注意哪些要点？

1. 惯性引导从产品介绍开始。

销售员在电话邀约之前，肯定会先介绍产品的各种优势。为了巧妙地利用客户的惯性心理，让他一"是"到底，销售员在产品介绍的时候就要有意识地提一些肯定性的问题让其作答，这样客户才会在惯性思维的驱使下答应邀约的请求。如果销售员只是在交流结尾的部分加以引导，恐怕惯性心理的作用会大打折扣。

2. 引导沟通技巧要从客户的兴趣着眼。

俗话说，强扭的瓜不甜，强求的姻缘不圆。通常来讲，人们只有在碰到自己喜欢的、感兴趣的东西时才会点头说是。因此，电话销售员提出的问题一定要迎合客户的兴趣，否则很难让客户做出肯定的回答。

比如，"我知道您喜欢欧式古典风格的装修，想要雍容华贵的装饰效果。我们公司的设计师正好在这方面深有研究。不过光凭我说您可能难以完全明白，如果您同意面谈的话，我会给您带来更直观的作品让您感受一下。"这样紧扣客户兴趣的引导话语为其后面的肯定回答做好了铺垫，邀约面谈也便有了一个好的开始。

3. 用肯定性的语言加以引导。

在销售过程中，"应该""或许""可能"等字眼很难建立客户的信任。所以电话邀约的时候，销售员一定要避免使用这些词汇，而是采用一些肯定性的词汇，以便给客户一种积极的情绪影响，让他一"是"到底，从而将约访工作顺利完成。除了一些模棱两可的词汇，销售员还应该尽力避免直接的拒绝、攻击与批评的语言，这样很容易触怒客户的情绪，从而使约访工作功亏一篑。

比如，客户："你们的考勤机里面有人脸识别的吗？"

电话销售员甲："不好意思，没有。"

电话销售员乙："不好意思，我们这里只有卡钟、感应卡、指纹，如果您需要这样的，我们可以马上给您调货。"

很显然，后者的回答要比前者好很多。"没有"的回答属于强烈的拒绝，会让客户失望，这种被拒绝的印象会堆积在大脑的潜意识里面，使得客户做出否定的回答，从而不利于交流继续进行。所以，最理智的回答应该如电话销售员乙那样，减少客户的失落感。

口才训练 6：邀约之语要择"吉时吉日"而言

世界酒店大王希尔顿，早年曾追随掘金热潮到丹麦掘金，但是他的运气并没有那么好，一块金子都没有找到。正当他灰心失望地准备回家时，突然发现了一个发财致富的好时机，修建旅店，正好可以供这帮掘金人歇脚。借着这个有利的商机，希尔顿慢慢地打开了财富的大门。作为一名电话销售员，也要懂得像希尔顿一样选择在合适的时机发出邀约，否则错过"吉时吉日"只会让自己四处碰壁，灰头土脸。

口才训练

客户："我都找了好多家了，可没有一个跑步机完全符合我的要求，你凭什么就认为你的这台机子能让我满意？"

电话销售员："我们这台全新的超越跑步机融合了卓越的生物力学设计、考虑周全的人性化设计，以及健身中心和健身者之间的高端连接。相信一定会给您一个全新的运动体验。"

客户："呵呵，那你给我说一下它的配置吧！"

电话销售员："这个……张先生，关于产品功能特点和技术规格会涉及很多的内容，电话里说的话很不方便，您看您什么时候有时间，我直接去您那里给您讲解，您还能够亲自体验一下。"

客户："也行，那咱们今天下午3点见吧。"

口才训练解读

唐代诗人罗隐曾写过这样两句诗："时来天地皆同力，运去英雄不自由。"时运并非全是迷信之说，有的时候一个好的时机是制胜的关键所在。电话销售员只有抓住有利的时机才能一招制胜，成功邀约。

口才训练中的销售员就非常善于把握机会，当客户表露出购买需求，但其他产品并不能满足的时候及时发出邀约的请求，这样客户答应约见的可能性最大。

技巧解析

电话销售员提出约访的最佳时间段是什么时候？

1. 一星期中最合适的拨打时间。

星期一：这是一个星期中最为忙碌的一天。一般公司的会议、工作计划都要在这个时间安排和进行，所以这个时候最好不要打扰客户。如果真的有要紧的事儿，那也需要避开早上的时间，选择下午。

星期二到星期四：这三天是最正常的工作时间，也是电话邀约的最合适的时间，电话销售员千万不要错过。

星期五：一周的工作结尾，如果这时打过去电话，客户多半会把行程推到下个礼拜。

2．一天中最合适的时机。

8：00～10：00，此时客户刚刚开启一天的忙碌生活，如果有个邀约电话打进来，客户肯定会无暇顾及，所以这时电话销售人员不妨先做准备工作。

10：00～11：00，午饭时间将近，一些事情也陆续处理完毕，这段时间是电话邀约的最佳时段。

11：30～14：00，午饭时间，电话邀约成功的概率会大大降低。

14：00～15：00，酒足饭饱之后，正是困乏烦躁之时，电话销售员不宜打扰客户。

15：00～18：00，休息之后，客户的精神状态比较好，这个时候打电话邀约比较合适。

当然了，以上的分析只是一个参考，具体情况还要根据客户的工作流程而定。即使销售员选择了一个较为合适的时间拨打电话，也要在接通后礼貌地征询客户是否有时间或方便接听。如"您好，孙总，我是×××公司的×××，您方便吗？这个时候给您打电话没有打扰你吧？"如果此时客户恰好有事儿，应该很有礼貌地道歉，并与其约好再次通话的时间，然后再挂上电话。

3．最合适的约访时机。

俗话说，人逢喜事精神爽。如果销售员能在客户开门大吉、晋升提拔、获得某种奖励的时候发出邀约，客户多半不会拒绝的。当然了，如果在客户对原来使用的产品与服务产生不满的时候提出约见，其答应的可能性也会非常大。

口才训练7：约见陌生客户的沟通技巧

打电话约见陌生客户是销售员开发客户的一个重要渠道。不过一般情况下，客户对销售员这个职业并没有多少好感和信任，而且隔着电话推销，看不见、摸不着，客户的信任度和成功约见率更会大打折扣。那么，电话销售员应该如何突破这层障碍呢？下面的这些沟通技巧也许能够对销售员有所启发。

口才训练

电话销售员："是李小姐吗？"

客户："嗯，我是。"

电话销售员："李小姐您好，我是××保险公司的理财顾问王磊，您家宝贝将近6岁了吧。"

客户："嗯，是的。"

电话销售员："真羡慕您有这么一个聪明可爱的贴心小棉袄，不知道您此前有没有为她购买过保险呢？"

客户："还没考虑呢。"

电话销售员："嗯，现代社会生活节奏非常快，很多父母的确疏忽了孩子将来的教育问题，不过我建议李小姐还是要抽点儿时间，为孩子做一个长远规划，这样您将来万一不幸发生疾病或者意外，不能像现在一样工作了，她也有一个好的教育保障，您说对吗？"

客户："哦，那你有什么建议？"

电话销售员："谢谢您的信任。我们公司最近推出了一项××的保险项目，您只要从现在开始每年为孩子储存 5 000 元，等孩子到 18～21 岁时，每年可以领取 1 万元的教育金；到孩子满 25 岁的时候步入社会，还能一下子领 7 万元的保障金作为创业之用。除此之外，您一旦签了这份保单，您的孩子还可以享受 22 种重大疾病保障和人身意外保障，最高保额达 20 万元。另外，最为关键的是，我们这个产品有一个豁免保障条款，也就是说，如果缴费期间缴费人发生了任何意外而无力继续缴纳，其他剩余的保费可以一律免除。"

客户："这个保险方案听起来不错啊，不过就是内容有些烦琐，有些地方还是弄不明白。"

电话销售员："呵呵，这样吧，李小姐，您今天下午还是明天上午比较方便？咱们见一面，我给您详细解释一下。"

客户："算了吧，我还没有想好要买。"

电话销售员："呵呵，李小姐，您多虑了，这是我的工作，买不买没关系。而且只需要打扰您 10 到 15 分钟的时间，您就可以了解得一清二楚了，您选一个中意的地方，我过去找您。"

客户："那就明天 10 点，咱们到 ×× 咖啡馆聊聊。"

电话销售员："好的，那明天见。"

口才训练解读

通常来讲，第一次约见陌生客户成功的概率非常低。不过，也有的客户对产品非常感兴趣，甚至还主动提出见面的要求。口才训练中的这位客户虽然有一定的购买兴趣，但是对于电话销售员提出的见面请求还是委婉地拒绝了。为了成功获得进一步推销的机会，电话销售员采用了限定时间法（约谈 10 到

15分钟）、安全保障法（给客户选择一个安全的约见地点）消除了客户的顾虑，从而成功邀约到了客户。

技巧解析

电话销售员在约见陌生客户时需要首先消除其戒备心理，以下是几个化解客户顾虑，成功邀约的沟通技巧。

1. 给客户找一个目的性不强的约谈理由。

打电话给陌生客户，客户总是以忙、不需要、不感兴趣等为理由直接拒绝。其实他们也许并不是没有需要，而是警惕性太强，总害怕自己吃亏上当。为了减轻客户见面的压力，销售员应将面谈的目的说成是交朋友、介绍信息、请教问题等，这样推销目的不强的约访可以增加成功的概率。

2. 给客户限制住面谈的时间。

一般来讲，出来面谈客户也很担心自己的时间成本，生怕出来见面后，被电话销售员缠着没完没了地推销。为了避免自己陷入无法脱身的窘境，所以他们一般会慎重考虑见面的问题。对此，销售员可以运用时间限定法，表示面谈只需要很短的时间，一般15到20分钟为宜，这样就可以有效打消客户的顾虑。

3. 给客户一个安全性的保障。

见面时的安全性是最重要的，所以在安排见面时间及地点时要多考虑安全方面的因素。为了让客户放心面谈，电话销售员需要充分尊重客户的选择，选择什么样的面谈地点和时间，客户说了算。

第六章　价格报得巧，成交没烦恼

　　报价是一门艺术。在电话销售中，产品价格报得巧才能卖得好。报价太高，容易吓跑客户，但是如果报价太低，又容易使其对产品的质量和性能产生质疑。那么，什么样的报价才恰如其分呢？本章节就围绕报价的时机、报价的各种技巧好好地阐述一下这门艺术。

口才训练1：合适的报价时机是制胜的关键所在

古希腊哲学家柏拉图曾说："一个人不论干什么事，失掉恰当的时节、有利的时机就会前功尽弃。"选择合适的时机可以起到事半功倍的效果，电话销售员对产品报价也是如此，要选择好时机，否则很有可能会让自己功败垂成。

口才训练一

电话销售员："您好，我是××健身器材有限公司的销售代表××，有什么需要帮助的吗？"

客户："你好，我想了解一下你们公司按摩椅的价格是多少。"

电话销售员："哦，这位女士，请问您贵姓？"

客户："我姓王。"

电话销售员："王女士，您好！我们的按摩椅根据类型的不同又分为经济型、豪华型、原装进口三个档次，不知道您是想要哪个价位的按摩椅。"

客户："一两千元的就行！"

电话销售员："嗯，我还想问您一个问题，您是准备给谁买呢？"

客户："我想给我爸妈买一台，他们岁数大了，腰椎、颈椎都不太好，买个按摩椅想让他们缓解一下病痛，改善一下体质。"

电话销售员："您真是一个孝顺的好女儿，您爸妈收到这么贴心的礼物心里不知道该多高兴啊。我建议您个人用××型号的产品，它是专门给老年人定制的，而且性价比也很高，售价是 2 300 元，在您的经济承担范围之内。"

口才训练二

电话销售员："您好，我是××，请问您想咨询什么？"

客户："你好，我是××公司的老王，上个星期咱们联系过的。"

电话销售员："哦，王总，您好！很高兴接到您的电话，需要我为您做点什么呢？"

客户："呵呵！我想再跟你聊聊培训的事情。"

电话销售员："您很有远见，我们公司的课程主要从人力资源规划、招聘与配置、培训与开发、绩效管理、薪酬管理、员工激励、员工关系管理、劳动关系管理八个方面帮助您实现人力资源价值的最大化。而且此次培训邀请的全都是很知名的讲师，其中×××老师和×××老师您肯定知道的，他们平时一堂课的收费一般都在 2 万元以上，相信有了这些讲师的指导，工作效率会有一个大的提升！"

客户："借你吉言，但愿如此吧。这么豪华的讲师阵容，培训费应该很贵吧。"

电话销售员："王总，这次你还真说错了，我们的培训收费不但不贵，而且还很便宜，每个人只需×× 元就行！"

口才训练解读

在销售中，客户最关心的问题就是价格。而报价的时机关系着销售的成败。作为一名电话销售员，一定要懂得在合适的时机报适当的价格，这样才能让客户更顺利地接受产品，从而做出购买的行为。

口才训练一中的销售员并没有冒失地提前报价，而是在报出底价之前先探寻到了客户的心理价位，这样避免高价位给客户带来的压力，也未曾影响到客户的购买热情。

口才训练二中的电话销售员同样也很好地掌握了报价的时机。当客户主动询问课程的价格时，销售员并没有立即回答，而是通过详细的课程介绍先激发客户的兴趣，待客户充分认识到这次培训的价值，提高了客户的心理价位之后，销售员才缓缓道出了培训的费用，这样就使得客户最终相信产品是物有所值的，从而降低了销售的难度。

技巧解析

电话销售员在产品报价的时候，一般都要先列举产品的种种优势，以激发客户购买的兴趣，待客户有了一定的购买欲望，销售员才能报出产品的价格。通常来讲，销售员最好等到客户主动询价时再报出。

不过报价也并非越晚越好，有些时候，客户总是表现出一副兴趣不浓但也不明显反对推销的态度，此时客户的态度模棱两可，销售员不妨通过报价刺探客户内心的真实想法，从而使其做出决策，如果客户没有购买的需求，销售员就没必要在他身上浪费太多的时间。

电话销售员在报价的时候应该遵守哪些原则？

1. 不要轻易报价。

一般来讲，客户购买的欲望和成交的可能性是成正比的。如果客户对产品以及使用产品能带来的利益还没有深入了解，还没有购买产品的冲动，那么电话销售员一定不要贸然报价，因为如果报价高出客户的心理预期，就很容易降低客户的购买热情，甚至有可能把客户吓跑。因此，电话销售员在通话之初应该避开这个敏感的话题，先建立客户对产品的信赖感。

2. 事先探寻客户的心理价位。

俗话说，知己知彼，百战不殆。销售员在报价之前若能先摸清楚客户对产品价格的心理预期，就能采取相应的应对办法化解客户可能出现的嫌贵或其他异议，把握好客户的真正意图，从而给自己的报价提供正确的依据。

3. 产品报价最好选择在谈判后期。

如果销售员没有发现客户的成交信号，太早报价的话，会让客户提前感受到支付的压力，这样的压力会把辛苦培养起来的一点点兴趣瞬间瓦解。从这个角度来说，产品报价的时期最好选择在客户购买兴趣较浓的谈判后期。一般在电话销售中，最好等到客户主动询价，否则销售员不要轻易提起这个敏感的话题。

口才训练 2：知己知彼，引导客户说出心理底价

某个犯人被单独监禁。有一天他的烟瘾犯了，于是想向狱卒要一支香烟。不过他的这一要求被狱卒傲慢地拒绝了。不甘心的犯人又一次叫来了狱卒，狱卒不耐烦地问道："你到底要干什么？"这位犯人眼珠子咕噜转了一下，淡然地答道："对不起，请你在 30 秒之内把你的烟给我一支。否则，我就用头撞这混凝土墙，直到弄得自己血肉模糊，失去知觉为止。如果监狱当局把我从地板上弄起来，让我醒过来，我就发誓说这是你干的。当然，他们绝不会相信我。但是，想一想你必须出席每一次听证会，你必须向每一个听证委员会证明你自己是无辜的；想一想你必须填写一式三份的报告；想一想你将卷入的事件吧！所有这些都只是因为你拒绝给我一支烟！就一支烟，我保证不再给你添麻烦了。"这位狱卒听完他的利弊分析之后就把烟递给了犯人一支。

这位犯人之所以能够成功达成自己的心愿，就是因为准确地把控住狱卒

的"软肋"，一击而中。作为一名电话销售员，也应该了解并熟悉客户的所思所想，这样才能快速达成销售。

电话销售员："陈先生，我已经给您介绍完这款跑步机的配置、性能了，不知道您意下如何？"

陈先生："你介绍得很清楚了，但是我感觉这款跑步机性能不好，运动的过程中会出现故障。"

电话销售员："这个您放心，咱们这款机器阻力高，运行平稳，故障率几乎为零。除了这个您还有其他问题吗？"

陈先生："嗯，我想想……对了，还有颜色方面的问题，我最喜欢的颜色是红色，但是你们并没有这样的颜色。"

电话销售员："颜色也不太符合您的需求……好的，那除此之外呢？"

陈先生："其他的……这款跑步机的价格太贵了。"

电话销售员："嗯，价格也不太满意，除了这些其他的应该都还符合您的心意吧。"

陈先生："对，就这些，别的没有问题了。"

电话销售员："好的，那请问您的预期价格大概是多少？"

陈先生："作为一个买家，我当然是觉得掏的钱越少越好啊！"

电话销售员："8 600元已经是我们的优惠价了，由于现在正好赶上我们店的周年庆，所以可以降400元钱，这要是在平时这样的价格根本买不到。"

陈先生："但是我还是觉得价格有点高。8 400元可以吗？再给我少200元我就买。"

电话销售员："如果按照您说的这个价格那我们就赔了。这样吧，我向经理申请一下，看看 8 500 元能不能批下来，您觉得这个价格可以接受吗？"

陈先生："好吧，8 500 元就 8 500 元吧，我凑合凑合买下来吧。"

电话销售员："说实话，以这样的价格您上哪儿也不可能买得到。如果我能帮您把这个价格申请下来，您能够立即购买吗？"

陈先生："嗯，当然了。"

口才训练解读

在上述口才训练当中，客户陈先生买跑步机的时候提出很多的不满之处，但是最重要的还是价格问题，销售员深知这一点，于是，他耐心地询问出了客户的价格底线，引导客户说出了自己心中的理想价格。这样销售员的心里就有数了，在讨价还价的过程中，也明白调整多大的幅度是客户可以接受的价格，从而顺利地保障双方的成交。

技巧解析

电话销售员可以参照以下这几种提问的方式摸清客户底线，引导客户说出自己心中的理想价格。

1. 明确地提问。

有的时候，开门见山式的提问效果最为明显。销售员明确地问，客户不可回避地答。例如"那您最多能给我加多少呢？"这种简明扼要、直截了当的提问有利于客户做出明确的回答。

2. 证明式提问。

作为一名电话销售员，当遇到客户在质疑你产品的价格时候，要相应地提出某些问题，促使客户做出相反的回答。例如，销售人员可以这样对客户说："您看这台电脑的性价比多高啊，我这也有价格相对便宜的电脑，您要的话，只需 1 500 元就能卖给您，但是用得肯定没有这个流畅。好的电脑价格是贵了点，但是您别忘了那句老话'一分钱一分货'啊，我相信您自己也不愿意买一件样式旧、性能差的电脑用一两年就扔掉吧？"这样做可以让客户对自己的心理价格有一个较为客观的定位。

3. 阶段性提问。

在探知客户价格上限的过程中，电话销售员不可在一个较短时间内，密集地向客户提出一系列的问题，否则客户会有一种受审的感觉，从而产生抵触情绪。因此，电话销售员在设计问题的时候要把问题分布在洽谈中的不同时段，让客户有充裕的时间作答，这样的提问会更有效率。

口才训练 3：报价要高，预留还价的空间

小王在网上看中一款衣服，标价是 250 元，不过他觉得这个价格超过了自己的心理预期，于是和店主开始讨价还价。经过一番争执，店主做出让步，打算以 190 元的价格卖给他，小王还是觉得贵，可店主似乎不肯再让步了，没有办法，小王只好与店主说"拜拜"了。他习惯性地发给对方"88"两字，准备下线，谁知店主的对话窗口上突然跳出一个"哭"的表情，紧接着后面跟着两个字"成交"。

从这个讨价还价的小故事中，我们可以得到一个启示：销售很少有一口价成交的情况，销售员要想预留足够的还价空间，要想让自己的利润不受损失，需要把报价定得高一点。

当然，这个预留空间要适度，太高的报价可能会大大超出客户所能承受的经济能力，以至于直接被吓跑；而预留空间太小，又满足不了客户想要砍价

的心理。很多时候，客户要求降价并非掏不起这个钱，而是觉得没有降价自己就会吃亏。

小伟是某机械设备厂的一名优秀销售员。他不仅专业知识掌握扎实，而且价格谈判功力也是一等一的好。有一次，小伟拨通了某厂长的电话，向其推销一种机械设备，其市场销售的底价是 21 000 元，而他给厂长的报价是 22 000 元，对方嫌价格太高，要求小伟降价。

厂长："说实话，除了贵公司，我们还和其他的供应商有联络，货比三家，我们会选择性价比最高的一家作为合作对象，所以我觉得你们只有降价，才有可能得到我们的订单。"

小伟："是的，您的意思我了解。为了顺利地达成双方的合作，我也是在努力地配合您的工作，在我的权力范围之内，您可以少出 500 元钱。"

厂长："不，你们这个优惠力度太小了。"

小伟："任总，为了感谢你们的支持，也为了表达和贵厂合作的诚意，我会努力争取再优惠 200 元。"

厂长："还是不行，再减 200 元也没有达到我理想中的价格。"

小伟："这是我们第一次合作，为了支持您的工作，我再忍痛给您降 100 元，怎么样？"

厂长："呃……我觉得你们的价格还是有点高，如果你再降 100 元，咱们就痛快成交。"

小伟："看您也是爽快人，我自己再倒贴 50 块吧。"

小伟表现出了很坚定的样子，这时对方才答应了和他签约。

对于大部分人来讲，都有一种降价占便宜的心态。销售员要想满足客户这样的心态，就得在给客户报价时预留合适的空间，在谈判中先大后小，一点点让步，直至客户认为他已经把你逼到"绝路"，可赚的利润非常少时，才可能成交。

口才训练中的小伟就是一个讨价还价的高手。为了让客户占更多的"便宜"，他故意把报价提高了 1 000 元，这样就给客户留足了降价的空间，他自己也按照由大到小的顺序（500 元到 200 元，再到 100 元、50 元）一步步退让。待客户多次找到占便宜的感觉之后，签单便成为水到渠成的事情了。

总之，电话销售员给客户报价时要预留一定的价格空间，以备在谈判中让步。不过这个空间不宜过大，也不宜过小，一般应掌握在三到五次、从大到小的让步之后仍有利润可赚为好。

此外，在讨价还价的过程中，销售员每次让步的语气都要表现得非常为难，否则客户会觉得你仍然有很大的让利空间。

美国政治家亨利·基辛格曾经说过："谈判桌上的结果取决于你的要求夸大了多少。"在讨价还价中，电话销售员不妨把价格报得高一点，既能让自己从中获利，又能让客户获得一种愉悦和满足，正可谓一举两得。

1. 高价意味着高质量、高档次。

一般来说，产品的价格是随着其价值水涨船高的，产品的价值越大，价格就越高。如果把相同的两个产品放在一起，一件要价 100 元，一件要价 1 000 元，恐怕谁都会觉得后者的质量会更好一些。所以销售员开出高价，客户不自觉地把它和"高档""奢华""有档次"这些词汇联系在一起。

2. 高报价可以预留足够的空间。

人人都希望买到物美价廉的产品。所以不管什么时候，销售员都不要低估了客户讨价还价的本领。既然"口舌相争"在所难免，那么销售员不妨把你索要的价格远远超过预期的售价，这样一来，价格就有了更多的伸缩性，你就有了更大的回旋余地。

3. 高报价可以给客户一种满足感。

客户在购买产品时，如果能因为自己的坚持和努力砍掉部分价格，将成交价定在其能够承受的范围之内，那么心理就会产生喜悦和满足感，认为自己成功节省了开支，从而很愉快地答应销售员成交的请求。

口才训练 4：充分展示产品价值，为价格提供依据

马克思主义经济学曾经这样表述价值与价格的关系：价值决定价格，价格围绕价值上下波动。由此可见，产品的价值是其价格制定的重要依据，而价格则是价值的货币表现。在电话销售中，为了让客户接受产品的报价，销售员需要充分展示产品的价值，让价格显得更有说服力，从而获得客户的信任。

如果销售员稀里糊涂只知道价格是多少，而不知道价格背后的依据，那么，很难调整客户的心理价位，更加难以取得他们的信任。销售员很有可能遭到客户质问的时候无法回答而当场黄了生意。

口才训练

电话销售员："您好，张总，我是××保险公司的小玲，上次咱们电话联系过，您还记得吧？"

客户："哦，我记得。"

电话销售员："不知道您看了我给您发的资料没有？"

客户："这份保险的大概情况我都了解了，觉得还行，不过我还想再考虑考虑。"

电话销售员："对于你的想法我完全可以理解，买东西之前谁都想把利弊权衡一番，否则买到货次价高的东西那就不好了。"

客户："呵呵，你说得很对。"

电话销售员："张总，我还有一个疑问想请教一下您，可以吗？"

客户："你有什么问题？"

电话销售员："我想知道您购买保险到底有哪些方面的顾虑，或许我可以帮您解答。"

客户："其实我一直不放心的是保险的理赔问题，很多亲戚朋友都说，投保容易，理赔难。"

电话销售员："您说的是，现实生活中有很多人都反映这个问题。不过究其原因大多是因为投保时埋下了隐患。可能是因为保险销售员对具体的条款没有阐述清楚，也可能是客户本身对法律契约签署缺少认识。在现代这个经济时代里，每个人在决定购买之前都应该对产品有一个详尽的认知，否则，一味地听信他人的宣传介绍，没有自己的主见是会引来麻烦的。"

客户："你说的话也有道理。"

电话销售员："对于理赔这一点您是绝对可以放心的，我们的理赔手续特别简单，只要在事故发生的三天之内打电话申请理赔，就会由相关工作人员进行调查，一个月之内会通知您调查结果，正式赔付时间不超过通知调查结果后的一个星期。"

客户："这样啊！那我就放心了，那价格呢，会不会很贵？"

电话销售员："绝对让您满意，我们这份保险可以说是超值的，它最大的特点就是可以帮助您防患于未然。假设您的公司一旦发生什么重大的意外事故，到时候员工上门索偿，那对企业来说就是一个经济负担了。但如果您买了这款保险，员工在遭受意外伤害时可获得保障金额40万元，意外医疗赔付1万元，保费是按人数算的，每个工人要缴纳428元。这样既能保护您的权益，同时也让继续在您公司工作的员工享受到您给他们的福利。您说这样很划算吧？"

客户："哦，听着确实挺好的！"

口才训练解读

电话销售员在报价之前要充分展示产品的价值，让客户明白产品定价的原理，这样他们才能理解产品价格高的原因，正所谓"一分钱一分货"，有了价值做依据，客户才会提高其心理价位。

口才训练中，电话销售员在报价前，先给客户充分展示了产品的价值，比如防患于未然，获得高额的保障金，降低企业负担，给员工提供福利等。当这些优势尽数摆在客户的眼前，他自然觉得价格就没有那么贵了。这种先充分展示产品价值，然后才报价的做法是电话销售员经常采用的一种报价方法。

此外，电话销售员还需要注意，在运用先价值后价格的报价方法时，一定要显得自然流畅，切记故弄玄虚，否则客户会有一种上当受骗的感觉。

技巧解析

电话销售员在展示产品价值的时候可以通过以下两种方式实现。

1. 数据是产品价值最有力的证明。

电话销售本身并不直观，只能靠电话销售员的声音去打动客户。所以，在此基础上，销售员不妨采用直观的方式——数据说话，这样更容易具有说服力，可以让客户对产品有一些更为清晰地认识，如可以涉及产品年销售额、受众群有多少等信息。产品的数据越大，其价值就越大，客户对价格的宽容度也会随之增大。

2. 用事实说话。

姜太公曾说："宁向直中取，不向曲中求。"而产品报价的过程中，销售员也要懂得运用迂回术获得客户的信任。

为了让客户接受产品的报价，销售员在报价之前可以罗列一些事实，比如，前段时间，某公司发生了一起火灾，该公司的项目承包人无法承担赔偿责任，最后赔偿责任又转到公司方面，公司负主要民事责任，对这次事故进行民事赔偿。假如讲道理是"直中取"，那么辅以事实就是"曲中求"，而这样形象生动的事实往往比只讲道理更有说服力。

口才训练 5：巧用"金额细分"法，让产品显得不贵

在很多客户的认知里，不管销售员怎么报价，他们总觉得贵。比如，他们会说"我可以以更便宜的价格在其他地方买到这种产品""我还是等价格下跌时再买这种产品吧""我还是想买便宜点的"……

对于这类问题，销售员如果不想降低价格的话，不妨使用"金额细分"法。它是一种能够让"大事化小，小事化了"的化解价格异议的方法。这样的分析方法可以让自己的产品显得不那么贵，从而打破客户心中的交易壁垒。

口才训练

客户："这个价格太贵了吧，能不能给我打个折？"

电话销售员："您说价钱高，确实是有道理。6 000元钱不是一笔小数目，

它可能是您两个月的生活费。不过不知道您想过没有，电视是属于耐用消费品，买下之后用个十年八年不成问题。况且我们这种型号的电视，采用日本主要部件，质地优良，故障率很低。就算只是使用十年，一年平均下来也就600元，一个月50元吧，算成一天呢？仅仅1元6角。现在1元6角能做什么呢？想想看，每天只需要花1元6角就可以享受高品质的视觉体验，您觉得划算不划算？"

客户："你说的也有道理。"

口才训练解读

面对较为敏感的价格异议，销售员不妨用"金额细分"法给客户算一道简单的算术题，这样可以更深入地让其了解到自己获得的利益，同时还会淡化价格的敏感度，从而加快成交的步伐。口才训练中的销售员就是以这样的方式化解了客户的价格疑虑。

技巧解析

中国现代文学的奠基人鲁迅先生曾经说过："一本《红楼梦》，经学家看见《易》，道学家看见淫，才子看见缠绵，革命家看见排满，流言家看见宫闱秘事。"由此可见，不同的人所站的角度不同，想法和看法也不尽相同。所以，销售员在使用"金额细分"法的时候要因人而异、灵活对待。面对的受众群体不同，说话技巧也要有所区别。

第一类是老板，即利用购买的产品再次获得利益的人。对于这类人，电话销售员可以给他算算他能获得的利润。

比如，"老板，您看，我卖给你的这些设备可是一本万利啊。就算一天产值是1 000元，那么连续生产半年，您机器的成本就回来了，剩下是您净赚的钱，你看合算不合算？"这样的话，让客户在脑海中想象出自己获利的情景，更激起了他购买的欲望。

第二类是获利少的客户。对于这类客户，销售员可以采用如下的方式说服客户：

"卖这种东西虽说获利少，利润额不大，不过它的日需求量非常大，每一个人都离不开它，正所谓聚沙成塔，集腋成裘。您的销量上去了，利润自然也就增加了。但是假如你出售那些高级产品，利润大、价格贵、顾客少，你还是赚不了钱啊。有的时候市场不景气，还有可能亏本呢！您觉得呢？"

"金额细分"法的使用技巧参考如下。

1. 将金额的总数分解，隐藏价格的昂贵性。

为了使客户找到一种心理平衡感，从而做出购买的决定，销售员可以将客户无法接受的高价格通过不同的计量单位分解成细小的价值单位。这样虽然没有改变客户的实际支出，但是却可以淡化他对金钱的敏感度。

比如，"您刚听到这个价格觉得太贵了，觉得超出了心理预期，其实这个价格一点都不贵。您想啊，这一盒80元，而一盒里面有10张，细算下来，一张也就是8元钱……"

2. 产品优劣对比，给客户算总账。

俗话说，货比三家，择优而选。若是客户在价格的"泥潭"里不断纠结，销售员不妨利用高价品和市场上同类的劣质品进行比较。通过货比货的分析，客户会明白其实高质量、高价格的产品性价比还是最高的。

电话销售员在帮助客户货比三家之后，不妨再用减法或者除法为他算一笔账，从而使客户相信自己买这样的产品并没有多花冤枉钱。比如，"这样整体算下来，您买我们这款产品可以少花……"产品的价格经过这样细分之后，客户成交的压力会大大降低，从而会顺利地促成双方的合作。

口才训练 6：勉强说"同意"，给客户占便宜的感觉

从前有一个投资商谈判技能非常了得，他在某个城市有很多房地产。和很多投资者一样，他的策略很简单：以低价买进，坐等升值，然后以高价卖出，从中赚取差价。当有其他买主找上门的时候，他总是表现出一副不情愿的样子说："可能你有所不知，在我所有的资产中，这处房产的地段是最好的，它将来升值的空间非常大。除非你能给我全价，否则我还舍不得出手。"通过运用这种假装不情愿的策略，这位投资商轻松地以高价售出了自己的房产。

俗话说，物以稀为贵。一个人越是勉为其难，舍不得卖，对方就越会觉得产品好，这是销售中常见的一种心理。所以，在产品议价的阶段，电话销售员一定要懂得客户这样的心理，然后以不情愿的口吻和客户谈判，这样他才会有种占便宜的感觉，从而激发起购买的欲望。

反之，如果销售员在敲定价格的时候，眉飞色舞，语气欢快，过于兴奋，客户肯定会觉得自己吃了亏，或者质疑产品有什么问题。客户一旦产生这种质疑的想法，那么成交便几乎不可能了。所以销售员为了满足客户占便宜、得实惠的心理，不妨假装演一场戏，勉强地以商定的价格成交，反而能加快销售的步伐。

口才训练

电话销售员："我们这批木材具有重量轻、强重比高、弹性好、耐冲击、纹理色调丰富美观、加工容易等优点，特别适合装修使用。"

客户："木材质量是没得说，但价格太贵了，你能帮我们降低一些价格吗？"

电话销售员："您也在我们公司实地考察过了，对于产品的好坏也一清二楚，性价比这么高的木材卖您这个价格已经不算高了。"

客户："我们多订点货，可以给个优惠价吗？"

电话销售员："真的，我们的价格已经很低了，看在您订货量较大的份上，我就少收你 200 元吧，您看这样行了吧？"

客户："还可以再便宜一点吗？虽然你们的木材质地很好，但还是超出了我的预算。"

电话销售员："李总，您打听打听，和现在市场上的同类产品相比，能够给您这样价格的已经是少之又少了，我实在没办法再给您让步了。"

客户："您再给便宜 100 元吧。"

电话销售员："如果你能再加大订货量了，我勉强再给您便宜 50 元。"

客户："你再降点，再降点咱们就签单了。"

电话销售员："真不能再降了，再降我们真的要赔本了。我要是按您的说法再降下去，老板非开除了我不可。"

客户："那好吧，就这样吧。"

<h2 style="text-align:center">口才训练解读</h2>

讨价还价在销售中屡见不鲜，作为电话销售员最忌讳的就是一直以同样大的幅度给客户让步，比如，第一次少收客户 200 元，第二次、第三次还是痛快地给客户便宜 200 元。这样一来，客户感受不到一个清晰的底线，还认为你让利的空间非常大，最终你会很被动，很难达成交易。

上述口才训练中的销售员就深深地明白这样的道理，所以他在讨价还价的过程中，话语中频频做出为难的样子，比如"我实在没办法再给您让步了""我勉强再给您便宜……""再降我们真的要赔本了""我要是按您的说法再降下去，老板非开除了我不可"。这样步步艰难的退让很容易让客户不好意思再砍价。

技巧解析

电话销售员怎么做才能给客户一种占便宜的感觉？毫无疑问，勉为其难的、幅度越来越小的让步可以为销售员保住应得的利益。

1. 不要过早地报出底价。

在电话中进行价格谈判，销售员要沉得住气，不能操之过急，不能因为想尽快打动客户就直接抛出底价。因为人都是贪婪的动物。客户尝到了第一次甜头，还会想要第二次、第三次，甚至更多。所以如果销售员一下了说出了产品的最低限价，就会断了客户讨价还价的可能。假使客户对这样的底价还不满意，就会一而再再而三地砍价，这样一来，销售员退无可退，最后只能是赔本处理或者白白断送一个合作的机会。

2. 以阶梯式降价表现出勉强。

在价格商议的过程中，电话销售员的让步要一次比一次小。也就是说，每次让步的幅度需要呈现一个降低的趋势，这样他才会觉得你的让步越来越勉强，盈利的空间也越来越小，从而认定销售员给出的价格已经接近底线了，就顺利接受眼前的价码。

3. 每次降价都要想好一个勉强让步的理由。

销售员在电话中砍价的时候，一定要先找到一个恰如其分的让步理由，并且还要表现得不情不愿，这样客户才会觉得你的让步是来之不易的，更容易促成交易。比如，"好吧，为了感谢您对我们产品的支持和信赖，可以适当优惠一点儿……"反之，如果对客户的让步无根无据，就会显得矫揉造作，缺乏一定的可信度。

口才训练7：面对客户不合理的开价，拒绝是一门艺术

销售员和客户天生是一对矛盾的共生体，一个想要以同样的产品卖到更多的钱，一个则希望以同样的钱买到更多的产品。正是因为二者的利益相左，所以才会有相持不下的讨价还价，讨价还价其实就是客户的低价追求与销售者高价追求的矛盾斗争的过程。在此过程中，有些客户肆意砍价，以不合理的价格要求成交。对此销售员要勇于说"不"，因为毕竟销售是以盈利为目的的，如果产品以价格与质量严重不对等的方式出售，那么损害的一定是企业和销售员自身的利益。

面对客户不合理的开价，销售员既要保住公司的利益，又要让客户下得来台，还要能巧妙地拒绝客户的要求，努力使最后的成交价格达到自己的预期。

口才训练

客户："我知道，现在各家的投保费用都不差上下，所以我在哪儿买都无所谓，如果你能给我打个折扣，那咱们就可以立刻签单。"

电话销售员："这个不行，张姐，您也知道，保险和其他产品有很大的区别……"

客户："前段时间有个保险员给我表姐推荐他们的保险时，还答应给我表姐返1 000元呢！"

电话销售员："您的意思我明白。每个人买东西的时候，都希望买到质优价廉的产品，您说是不是？"

客户："当然啊。"

电话销售员："按照平时的购物经验，您觉得质量最好、服务最佳、价格最低的产品存在的可能性大不大？假如这三者您只能选择其中一种，您会选择牺牲品质吗？您会选择牺牲服务吗？您只能牺牲价钱，对不对？您放心，我为您设计的这份保险绝对不会出现理赔难的问题，而且服务也一定会及时到位，最重要的是您付出的这个价钱也是按规定收取的，非常合理。我相信您也不希望自己的保险代理人是一个没有原则、没有立场的人，对吧？"

客户："是啊。"

电话销售员："我觉得作为一名保险销售员，最起码的原则和立场需要坚守。只有这样，在您有需要的时候，才会有勇气为您的利益力争到底。而一位用自己的佣金来给客户折扣的人，实际是在牺牲自己的利益争取订单，这样的做法表明他势必不会在这个保险行业长久待下去，所以到头来吃亏的还是客户，您说是不是？"

客户："嗯。"

电话销售员："我从业这么多年了，从未答应过客户不合理的价格请求。如果我给您折扣，那我就变成了一个没有原则和立场的人！一个没有原则没有立场的人给你办理保险，相信您也不会放心吧。"

口才训练解读

在电话销售中，确实会有很多客户会提出不合理的价格请求，如果一个销售员急功近利，以牺牲自己的利益为代价达成签单，那么势必会在产品的质量和服务上大打折扣。口才训练中的销售员正是用这一点使客户放弃了打折的想法。

销售员立场坚定，有理有据，不卑不亢，从客户的利益出发，剖析不合理的价格隐藏的利弊得失，这样的拒绝技巧很值得广大销售员借鉴。

技巧解析

在销售过程中，拒绝是一门艺术。那么，经验丰富的销售员都是怎么拒绝客户不合理的开价呢？

1. 着重强调产品的卖点。

面对客户不合理的开价，销售员不要将着眼点和讨论的重点放在产品的价格上，而是要强调产品能够给客户带来哪些好处，比如，给客户安全感、地位、健康、方便、舒适感等。只有这样，客户才能明白产品的价值，才会觉得产品物有所值，才能心甘情愿地给出更高的价格。

比如，"这批设备售价是 10 万元，按照贵公司的生产规模、每月的产量和产品单价计算，不出半年贵公司就可以把本钱给收回来了，那么接下来就相当于免费使用我们的设备了。"

"当然，我知道买我们的产品的确会让您增加一笔开销，但是，使用以后您会发现，它的工作效率极高，高效率带给您的回报远远高于它的成本价。"

2. 凸显产品的稀缺性。

在竞争日趋激烈的市场上，产品越是稀有，越无可替代，其价格就越高。所以，在销售过程中，销售员一定要让客户感到你的产品具有独一无二的优势，如果错过这个成交机会，后面就有可能买不到了。这样便有可能使客户做出让步，提高产品的价格。

比如，"张经理，您现在可能觉得这个价格有点儿贵了，但是您可以仔细想想，我们生产的线棒柔性设备由有线棒管件和接头连接件组成的一种积木式的模块化系统设备，可以将任何创造性的想法转换成为实际性的产品结构。

这种独特的优势是其他设备无法比拟的。所以，对于这么好的产品，您开出了如此低的价格，这是我们所不能接受的。"

3. 用肯定的方式拒绝。

客户是上帝，销售员在拒绝"上帝"的时候一定要委婉、客气，避免使用一些否定的方式，否则很容易伤到客户的自尊心，从而给销售带来阻碍。比如，"张经理，你的价格有点太那个，你看是不是……"这样的拒绝方法没有一个否定词，但客户一听就明白了，既避免了客户的尴尬，又表达了自己的意见，正可谓两全其美。

4. 用制度拒绝客户。

公司制度是企业经济运行和发展中的一些重要规定、规程和行动准则，每个人都必须遵守。当客户开出不合理的价码，销售员可以用公司制度，权利受限等作为婉拒的理由。这种拒绝技巧就是销售员委婉地向客户提出自己有无法跨越的障碍，他的要求已经不属于你能控制的范围，这样的做法既削弱了他的抵触情绪，又成功否定了客户的不合理的要求，非常值得借鉴。

5. 利益补偿拒绝客户。

当客户提出一定的价格要求时，销售员如果直接断然拒绝，很容易让客户在面子上过不去，更有甚者还会激怒客户，从而彻底失去成交的机会。为了避免这种情况的发生，销售员在拒绝客户不合理的价格要求时，可以在自己的权力范围内，给予其他方面的适当补偿，如："对不起，这个价格已经是我们的最低限度了，这样吧，我们送你一件小礼物，怎么样？"这种给予一定的附加利益来拒绝客户的方式，可以缓解客户被拒绝的负面情绪，缓和谈话的氛围，不会造成因价格争议致使交易失败的情况。

口才训练8：以"对比价格"给客户一种"多得感"

在产品议价的阶段，客户通常会对销售员的报价提出质疑。此时，聪明的电话销售员往往会用"对比价格"解除客户心中的顾虑，从而使双方顺利达成一致的价格协议。

那么，何为"对比价格"呢？它是指销售员在报价的同时提到给别的客户的成交价格。这是销售员在报价时经常采用的一种方法，这种方法可以使客户产生"多得感"，降低客户对价格的敏感度，从而不再在产品的报价上纠结。

口才训练

电话销售员："张总，您好，我是××公司的小王，前几天咱们联系过，您还记得吧！"

客户："嗯，我想起来了，就是给我推销过数控机床的那个小王，对吧？"

电话销售员："对，张总您记性真好！上次跟您谈的我们公司生产的型号为××××的机床。您考虑买几台吗？"

客户："东西我们倒是需要，不过在买之前我先了解一下产品的价格吧！"

电话销售员："张总，我们公司现在正开拓市场，为了感谢您对我们工作的信任和支持，我就给您个优惠价吧，××元一台，怎么样？我向您保证在同类产品里，我们的售价是最便宜的。就拿A公司来说吧，这种型号的机床要卖到××元，比这足足高了××元。"

客户："你说的是真的？"

电话销售员："这还能骗您？张总，不信的话您随便打听打听，我们的产品真的是性价比较高的。"

客户："好吧，我相信你，不过我回去得跟员工开个会，再讨论讨论这个事儿，过两天给你们回话。"

电话销售员："行，张总，我后天上午 10 点再打电话联系您。"

口才训练解读

一个优秀的销售员，不仅是一个优秀的服务人员，还是一个优秀的分析师。销售员在产品报价的时候若是能够懂得运用"对比价格"分析产品的价格优势，就很容易瓦解客户的异议，从而达成签单的目的。

口才训练中的销售员就将 A 公司的同类产品与自己的产品作对比，从而凸显自己产品的价格优势。不过需要注意的是，电话销售员在运用"对比价格"法的时候，最好实事求是，不要肆意捏造产品的价格差，否则如果让客户知道的话，不仅会黄了这笔生意，而且自己所在公司的名誉也会因此受损，得不偿失。

技巧解析

有人说没有对比就没有伤害，而在电话销售中，没有对比就无法凸显自身产品的价格优势。"对比价格"是凸显产品价格优势，解除客户价格顾虑，促使其接受销售员报价的重要手段。

不过销售员在使用"对比价格"法凸显价格优势时，未必都能获得每位客户的信赖。假使这种方法并不能给客户一种多得感，那么销售员不妨在约见面谈的时候耍一个小心机，提前准备一张和某知名公司签订的销售合同。见到客户之后，假装不经意地提起："刚和某公司签了合同，费了很大劲，这不，就为了这么一张纸。"此时，客户一定会好奇这份合同里的成交价格。为了让客户相信前面所说的价格差是真实的，销售员不妨借故离开，给客户一个"偷看"的机会。俗话说，眼见为实，耳听为虚。客户在亲眼见证之后，自然就会消除心中的疑虑，顺利地接受产品的报价。

客户在交易中都想获得比别人更多的利益，电话销售员只要在报价的同时举出几个以更高价格和别的客户成交的例子，并且让客户相信你这一说法的真实性，那么客户就会为这种"多得感"顺利买单。

第七章　巧妙抚平客户异议，危机轻松变转机

客户的异议是产品成交的拦路虎，电话销售员要想突破这一障碍，首先需要安抚客户的负面情绪，然后再逐一探索导致客户产生异议的原因。待到对客户的异议明朗化，销售员便可根据当时的实际情况使用先贬后褒、太极法、忽略法、"是的……如果"等语言技巧逐一化解。

口才训练1：先温言细语安抚情绪，再干脆利落解决问题

在电话销售过程中，客户提出异议，使销售陷入危局的情况时有发生。这时，对经验不足的电话销售员而言，常常会惊惶失措，不知如何应对。而对于经验丰富、见多识广的电话销售员而言，通常能面不改色，信手拈来，三言两语地轻松把危机化为转机。

口才训练

电话销售员："张姐，您好，我是××保险公司的理财顾问××。今天找您是想……"

客户："怎么又是推销保险，一天打扰我好几回，烦不烦呢！"

电话销售员："呵呵，看来您对保险还是有偏见的！"

客户："你们卖保险的都是骗子，卖的时候好话说尽，好事儿做尽，等我们出事儿需要理赔的时候就翻脸不认人！"

电话销售员："您是有过这样不愉快的经历吗？"

客户："没有！我从没买过保险，更不会碰到这么倒霉的事儿，我是听周围亲戚说的。"

电话销售员："原来如此，这里可能有一些误会。保险公司掏钱理赔的时候，花的是所有客户存在那里的钱，所以理赔过程会比较严格。它要按照保险条款的规定进行理赔操作。在实际理赔的过程中，当然会遇到各种各样的情形，有时责任范围比较模糊，不好界定，于是保险公司和投保人各执一词，这种事情

在所难免。但这只能说明双方有分歧，不能说刁难人。您说对吧？"

客户："可能对吧。反正我觉得买保险不靠谱。买的时候，你们笑脸相迎，异常热情，等到要赔的时候就态度冷淡，开始拿琐碎的条款说事，不积极配合了，是这样吧？"

电话销售员："您说的也不是没有道理。现实生活中有很多人都和您有一样的感受，其实大多是因为投保时保险销售员对具体的条款没有阐述清楚，也可能是客户本身对法律契约签署缺少认识，结果双方在后来理赔的过程中发生误会。所以在签单之前，每个人都应该对里面的条款有一个详尽的认识，这样就可以避免理赔难的问题出现。"

客户："这个我知道。但是保险条款都是一些专业术语，看不明白。"

电话销售员："其实，保险条款所包含的内容无非就是投保的条件、保障的范围、投保金额、领取时间、保险有效时间等。在看保险条款的时候，我建议您把不明白的地方都列出来，然后逐一询问保险销售人员，这样您有什么样的保障权益就会一清二楚。"

客户："你们有那个耐心逐条地详细解释吗？"

电话销售员："这个您放心，只要您有时间、有耐心，保证让您把合同里面的条款都了解清楚。这样吧，咱们约个时间详细面谈。您看明天上午好还是下午好？"

客户："下午吧，我那个时候有时间。"

口才训练解读

"投保容易理赔难"是这个口才训练中客户提出的异议。针对这个异议，电话销售员首先顺着客户的思路探知了导致其产生异议的原因，然后耐心解释了保险理赔的严格程序，进而抚平了客户激动的情绪。待客户的语气稍微放缓之后，销售员又用"在签单之前，每个人都应该对里面的条款有一个详尽的认识，这样就可以避免理赔难的问题出现"这样的话语化解了客户的异议，重新赢得了客户的信任，最终成功扫清了成交的障碍。

技巧解析

电话销售员要想化解客户的异议，必须遵守"先安抚情绪，再解决问题"的原则。

1. 用歉意和聆听抚平客户的情绪。

当某种产品或服务不能满足客户的需求时，销售员首先应该表达出诚挚的歉意，比如"很不好意思，按照公司的规定，我是没有权利给您价格优惠的，如果您觉得承受不了，不妨……"这样客户或许会理解你的难处，从而更加理性地看待产品的价格问题。

此外，当客户表达出对产品的异议时，销售员必须学会认真倾听客户的心声，这样既可以获得化解异议的有效信息，同时又表达了对客户的尊重和重视，从而有利于销售的继续进行。

2. 提出一个行之有效的解决方案。

在推销产品的过程中，客户往往会提出各种各样的疑义。这些疑义名目繁杂，亦真亦假，给签单造成了极大的障碍。销售员在抚平客户的情绪之后，接下来要做的就是用不同的异议处理方法和技巧，妥善化解客户的顾虑，从而实现成交的目的。

口才训练2：正本溯源，诱导客户说出其顾虑所在

对于一名电话销售员而言，很多签单都不是一蹴而就的。在成交的路上，客户会提出很多异议，而这些异议的真实理由又是隐藏的、不为人知的，电话销售员要想化解这些潜在危机，就需要通过不断地提问，使异议产生的原因具体化。一旦异议变得具体，销售员便可做出针对性的化解策略，成交的大门也会因此而被成功开启。

口才训练

电话销售员："您好，×× 旅行社，请问有什么可以帮忙的？"

客户："你好，我想找一下你们公司的 ××？"

电话销售员："我就是，请问您是哪位？"

客户："我是 ×× 公司行政部的。前几天我跟你说过我们单位准备组织一次集体旅游活动。关于这次旅游的费用不知你考虑得怎么样了？"

电话销售员："原来是蔡经理，您好！我刚跟我们领导请示过，为了我们以后能长期合作，我们会以每人 ×× 元的价格为您提供服务。"

客户："你们这费用可不便宜啊，要知道我们可是组团去啊，人多一点不是可以享受更多的优惠吗？"

电话销售员："刚才我给您报的价已经很实惠了。您也知道这是一个优质的行程，单是个人来回机票就得三千多元呢，再加海边五星级酒店，中式海鲜料理，五天少说也得 ×× 元钱。但这几项的费用已经远远低于个人自助游的费用了。另外，我们还给你们安排好了观景线路，那一带几个著名的景区大

家都可以一饱眼福。"

客户："旅行团自然比个人旅行花费少，这一点毋庸置疑。但我听说有的旅行社和你们一模一样的观景路线和出行方式，可是在你们这儿每个人的旅游费用足足比人家多收了四百元呢！"

电话销售员："关于旅游路线路和交通，您确定是一样的吗？"

客户："是的。"

电话销售员："既然观景路线和出行方式相差无几，那请问他们的住宿是怎么安排的呢，游客去了也住五星级酒店吗？"

客户："哦，好像是什么特色酒店。"

电话销售员："这就对了，很多不正规的旅行社就打着特色的幌子欺瞒消费者。但我们行业内的人都知道，这种酒店非常不正规，有的时候碰上特殊情况，旅客直接就被安排在卫生间了，前不久新闻上还出过这样一则消息，如果您不相信的话，可以多方调查一下。您想想本来一场愉快的海上之旅，忽然被这么差的酒店服务给坑了，心情是何等的郁闷啊！我们的价格较高，但我敢保证我们一路上提供的所有服务都不会打折。"

客户："你说得很有道理，那价格方面我回去再和大家商量商量吧。"

口才训练解读

在电话推销中，销售员要想化解客户的异议，就得先找到客户的顾虑所在。上述口才训练中的客户在提出价格异议之后，电话销售员用一系列的询问了解到产生价格差异的原因——住宿条件的差异性。随后，他又采用了对比的方式使客户认识到旅游结束后睡眠环境的重要性，最终赢得了客户的认同。

技巧解析

电话销售员化解客户异议的过程中需要注意哪些问题？

1. 通过提问探寻导致客户产生异议的原因。

客户异议是成功路上的拦路虎，有了这一障碍，成功销售的难度会大大增加。为了扫清这个成交的障碍，销售员需要通过提问的方式一步步探寻客户真实的想法，多问几个为什么，客户就会在你的引导下慢慢说出自己内心的顾虑，这样问题才能得到针对性的解决。倘若销售员自以为是，擅自猜度，不仅无法确认客户异议的重点和程度，反而会制造出更多的异议，从而给成交带来新的障碍。

2. 探寻客户的顾虑时注意自己的态度。

在向客户询问时，电话销售员要注意说话的方式、方法，避免出现"审问"客户的情形，只有亲切地、自然地与客户对话，才能使他们卸下心防，道出心中真实的异议。

口才训练3：用语言技巧淡化难以实现的客户需求

这个世界上没有十全十美的东西，当然也就无法满足客户各方面的要求了。有的时候无论电话销售员多么努力地向客户表明产品具有的各项优势，可是客户总是挑三拣四，非说产品的某些方面达不到自己理想的要求。面对客户的此类异议，电话销售员不能坐以待毙，任由客户抱怨牢骚，而应该主动出击，用自己的语言技巧淡化难以实现的客户需求，从而扭转自己在销售中的被动地位。

电话销售员："大姐，您觉得我给您推荐的那套房子怎么样？"

客户："这套房子临街太近了，晚上睡觉多吵啊。"

电话销售员："是的，这套房子唯一的缺憾就是临街近。不过，说实在话，我敢肯定您担心的问题绝对不会发生的，因为房子虽然临街，但是墙体厚，双层玻璃，隔音效果非常好，不会影响您休息的。关键是正因为它的位置比较特殊，房价才比同一地段的房子便宜那么多钱。"

客户："你说的也有道理，可是紧靠着街边我的心里还是很不舒服。"

电话销售员："这确实是美中不足的地方，但是正是因为这种情况，让您在这么繁华的地段享受这么便宜的价格，您想想这地段的医疗、教育、餐饮、娱乐等各方面的基础设施非常齐全，您要是以后居住在这里，生活得有多方便啊！您当初选择这个房子，不就看中了它生活条件成熟吗？"

客户："嗯，你说的也对，那就这样定了吧。"

每一件产品多多少少都会有一些瑕疵，不过它既有有缺陷的一面，也有客户认为有价值的一面。口才训练中的销售员就是一个把玩语言的高手，面对客户提出的异议，首先他实事求是，坦白承认房屋位置的缺陷；然后先贬后褒，积极引导，让客户认识到房屋其他方面的优势，从而淡化房屋的缺陷，把话题引向客户的需求上，这样无法满足的客户需求就会被渐渐淡化，客户的异议也会被顺利消除。

当销售员无法满足客户对产品某方面性能的需求时，可以采用"先贬后褒，凸显优势"的语言技巧来弱化客户的异议。

任何事物都存在两面性，产品存在某些方面的缺陷，同样它也会存在某方面的优点。有时候改变事物的先后顺序也能引起质的变化。比如，在有机化学中，分子组成相同、原子数目也相等，但由于原子的排列顺序不同，其性质就发生了很大的变化。因此，销售员也可以借鉴此法，通过改变产品优缺点的介绍顺序，从而淡化难以实现的客户需求。

当销售员无法满足客户价格方面的要求时，可通过以下两种方式化解客户的异议。

1. 化整为零法。

它是指电话销售员把较高的价格按照产品的使用寿命或按份额进行分摊，这样就会降低客户对价格的敏感度，使之轻松接受产品的报价。用这个方法化解客户的价格异议非常有效。

客户："这个产品要价太高了，我接受不了。"

电话销售员："我们的产品与同类产品相比费用是高了一点，可它是高浓缩的，一瓶可用一年多，平均下来每天也就两毛钱。而且最关键的是，我们的产品不同于市场上的那些假冒伪劣产品，它通过了国家质量认证，不含任何有毒、有害物质，您每天只需花两毛线就可以获得一个高品质的护理效果，非常划算。"

客户："你说的也有道理，那就买它吧！"

2. 差价法。

这种方式适用于很多推销场合。例如："只要多付 500 元，您就可以享受五星级酒店的尊贵服务。"

口才训练 4：借助有影响力的人打消客户的"怀疑精神"

在当前社会存在着这样一种现象：明星代言费用动辄上千万，其身价也一直水涨船高。那么，他们何以有如此大的吸金能力呢？其中最重要的原因是因为商家看中他们所具有的知名度和影响力。明星穿什么类型的衣服，其粉丝也纷纷群起而效之，这样产品的销量就会大大提升。

作为一名电话销售员也要懂得使用这种营销策略，让有影响力的人帮助你化解客户对产品的质疑，从而促使其愉快地接受你成交的请求。

口才训练

电话销售员："您好，是李厂长吗？我是××管理咨询公司的电话销售员，我叫李杰。"

客户："你好。找我有什么事吗？"

电话销售员："是这样的，您的朋友——××公司王经理，前段时间委托我们在生产管理上制定一套行之有效的改善方案，我们公司深入他们企业了解情况，与企业管理人员亲密接触，运用各种科学方法，找到了其经营管理方面存在的漏洞，在定量和定性的分析后，我们制定出一套切实可行的指导方案，获得了王经理的认可。在我们对他进行回访的时候，他提供了您的电话给我，说您在这方面也存在一些困扰，或许会有咨询的需求。我打电话给您，就是想了解一下您的具体情况。"

客户："是这样啊。我们工厂确实在生产管理方面也存在一些问题，现在也正在着手解决。既然王经理都认可你们的指导效果，我也可以考虑一下。"

电话销售员："谢谢您对我们的信任。我想对贵厂的基本情况做一个初步的了解，了解之后我才好给您设计培训课程和计划。"

客户："我们两家厂子的问题几乎大同小异，情况差不多。"

电话销售员："那就太好了，有我们给王经理公司解决问题的成功经验，你们厂的问题会解决得更好。您明天上午有时间吗？咱们详细谈谈这个事情。"

客户："好的，那咱们明天上午10点在我办公室见。"

电话销售员："好的，再见。"

口才训练解读

借助有影响力的人打消客户的异议是销售员常常用到的一种行之有效的策略。上述口才训练中的销售员就是通过说出有影响力的人的名字，从而迅速消除了客户可能的疑虑，取得其信任的。这样的做法可以迅速找到销售的突破口，从而避免了很多无谓且没有力度的说明。

技巧解析

每一个客户都有"怀疑精神"，更何况他们面对的是一个看不见、摸不着的电话销售，他们的警惕性会更高一些，也会将"怀疑精神"进行到底。电话销售员历数产品的好处，或许客户仍然会固执地认为你只不过盯着他们口袋里的钱，并不是真正为他们打算。此时，销售员要想打开销售局面，化解客户异议，不妨找到一个相关有影响力的人，请他们帮忙推荐，这样就会取得事半功倍的说服效果。

小陈是某证券公司的电话销售员，他手中的客户资源经常多得数不胜数。即便他每天不用电话拓展客源，到他这儿开户的人仍然络绎不绝。为什么会出现这样的情况呢？其实小陈成功的秘诀就是他每接触一次客户都会问其是否对自己的服务满意，是否有朋友或亲人也想炒股，对小陈服务满意的客户一般都会给他推荐一个朋友，这样小陈的客源便越来越多，业绩也遥遥领先。

相信从事电话销售行业的人员都想像小陈一样，不用遭受客户的任何质疑轻而易举地俘获他们的"芳心"。其实要达到这样的目的并不难，销售员只需借助有影响力的人的嘴就可以打消客户的"怀疑精神"。那么，哪些人物才是比较有影响力的呢？大概可以分为以下两类。

1. 现有的客户。

提到有影响力的人物，其实非现有成交的客户莫属了。他们正是因为认可你的产品才会选择与你合作。因此，假如一个人能够成为你的客户，那么这个人的同行至少也应该是符合你的客户标准的。这个客户就是产品的最好证明，只要紧紧抓住某个人，使他乐意推荐你，那么打消其他客户的顾虑便不再是什么难事。

例如：

电话销售员："王先生，我是××保险公司的王飞，您的好友王新觉得我们的保险项目非常划算，所以希望我能给您也介绍一下，不知道您有时间吗？"

客户："有时间。你说吧。"

从上面的对话中，可以看出客户没有任何反感，也没有质疑，很痛快地接受了销售员的产品介绍，客户这样积极的态度自然成功签单的可能就很大。

2. 完全核心人物。

完全核心人物是指那些在各自的领域有很大影响力，拥有资深背景而且受尊敬的人，如果电话销售员能够恰如其分地运用核心人物的力量为自己的产品正名，那么就可以避免很多合作中可能产生的麻烦，成交的可能性也会得到极大的增强。

口才训练5：用"是的……如果"法

钱钟书先生是我国著名的文学家，他一生才华横溢，诙谐幽默，受到很多人的仰慕和尊重。有一次，有一位外国人想拜会一下这位闻名遐迩的大作家，后来被他委婉地拒绝了，他具体的拒绝理由是这样的："假如吃了鸡蛋觉得不错，何必还要认识下蛋的母鸡呢？"还有一次在谢绝一笔高额稿酬时，他幽默地说道："我都姓了一辈子'钱'了，难度还迷信钱吗？"他的委婉的拒绝方式不仅没有伤了双方的和气，而且更加赢得了别人的尊重。作为一名电话销售员也要学习钱钟书先生婉拒的本领，切勿僵化双方谈话的氛围，从而给销售带来新的难度。

当客户提出异议，假使电话销售员直接拒绝的话，很容易挫伤客户的自尊心，失去颜面的客户很有可能会恼羞成怒，愤然挂断电话。为了挽救这次成交的机会，聪明的销售员通常会先说"是的"，肯定客户异议的合理性，再提"如果"，即表达另一种情形下的状况，以引发客户的思考。在循循善诱的过程中，客户原来的异议便会荡然无存。

口才训练

电话销售员："您好，杜总，我是××培训中心的小王。前段时间我给您推荐了几种企业培训的课程，不知道您现在考虑得怎么样了？

客户："呵呵，我们公司目前的业绩一片大好，用不着培训！"

电话销售员："是的，我知道贵公司是业界的佼佼者，贵公司产品的市场占有率也遥遥领先，确实用不着培训。但我知道贵公司现在的业务合作对象大多都是以前累积下的老客户，新客户不多，而在咱们这个僧多粥少、竞争激烈的市场环境下，如果老客户有流失，对公司无异于釜底抽薪啊！"

客户："呵呵，你还了解得挺多的嘛！"

电话销售员："我这也是为贵公司着想，中国有一句古话：人无远虑，必有近忧。我希望贵公司能未雨绸缪，越来越好。"

客户："你说的也不是没有道理，员工的拓展能力确实需要加强，不过我从来也没听说过你们这个培训机构……"

电话销售员："是的，您担心我们的培训质量确实情有可原。毕竟我们是一家新成立的公司，没有知名度。如果我告诉您，我们公司的培训导师都是经验丰富的营销实战专家，培训过的单位超过 1 000 家，而且他们曾在多家公司分别担任过营销总监、公司经理等。比如 × 老师，还有……这些业内著名培训师，相信您对他们的实力也有所耳闻，培训质量也不会让您失望的。"

客户："如果贵公司真的有如此实力雄厚的师资队伍，那我就没什么好担心的了。"

电话销售员："我们设计的解决方案具有极强的实战型和可操作性，您就放心吧！咱们具体谈一下培训方案吧！"

客户："好！"

口才训练解读

懂得婉拒是每一个电话销售员都应该具备的职业素养，只有保住了客户的面子，销售活动才能继续向前推行。

口才训练中，面对客户"用不着培训""对培训质量的担心"这两个异议，电话销售员运用两个"是的……如果"，在充分尊重客户意见的同时，让客户意识到训练员工拓展能力的重要性，同时还用雄厚的师资力量打消了客户对公司培训实力的质疑。

技巧解析

"是的……如果"法适用范围很广，电话销售员使用这种方法可以极大缓解客户的抗拒情绪，同时也十分有利于客户异议的消除。不过销售员在使用这个句式的时候切忌把"如果"换成"但是"，虽然"是的……如果"源于"是的……但是"这一辩论常用的语句，可后者的转折意味太浓，稍有不慎客户就有可能产生抵触情绪。

"是的……如果"常用的话语示范如下。

1. 您有这样的想法很正常，当我第一次听到时，咱们俩的想法简直如出一辙，可是如果我们做进一步了解后……

2. 平心而论，您的话非常有道理，如果状况变成……，您看我们是不是应该……

口才训练 6：用太极法化解客户的假异议

在日常生活中，我们常常会碰到这样一种情形：酒桌上朋友劝酒，有的人说我不会喝酒，这个时候就会有人说："正是因为你不会喝，所以才要多喝、多锻炼。"

这种做法就好像是太极拳中的借力打力，故而称为太极法。当客户提出某些不购买的异议时，电话销售员可以立刻回复说："这正是我认为您要购买的理由"。也就是说，电话销售人员要立即将客户的反对意见直接转换成为什么他们应购买的理由。这种太极法是销售员常用的化解客户异议的有效方法之一。

口才训练

电话销售员："您好，王先生，我是××保险公司的小张。我给您推荐的那份保险计划您了解了吗？"

客户："嗯，我大致明白怎么回事了。"

电话销售员："那您对这个保险计划怎么看，我觉得您这个年龄段的人买这份保险非常划算。"

客户："目前我挣钱不多，而且一点都攒不下来。再说我还这么年轻，买保险干吗？"

电话销售员："就是因为收入少，所以抗风险能力比较差，有了保险你以后的生活就有保障了；正因为年轻，您的投保金额不会太多，而且可供选择的可能性也有很多。"

口才训练解读

不少年轻人因为经验不足工资也低，每个月基本上收支相抵，因此理财意识并不是很强烈。至于购买保险，更是和自己八竿子打不着。对于客户这样的异议，销售员灵活地运用太极法借力打力，简单阐述了年轻人购买保险的种种好处，销售语言有理有据，不得不让人信服。

技巧解析

太极法非常适应于客户的假异议。这些异议都是其获取更多利益的借口，此时电话销售员便可借处理异议的时机，迅速地阐述产品能带给客户的利益，从而把客户拒绝的理由变成其购买的理由后，这样客户的异议便不攻自破。

电话销售员在使用太极法的时候通常会有哪些步骤？

1. 缓冲：接受、认同客户的意见，首先缓和客户的对抗情绪。

2. 反问：反问原因，引导客户思考，将问题转向客户，获得交流的主动权。

3. 权衡：通过方案对比化解客户心中的异议。

4. 答复：引导客户有针对性地作答。

一般来讲，客户产生异议的因素主要有：价格因素、商品因素、服务因素、货源因素、购买时间。

以下便是电话销售员在使用太极法化解价格异议的示范口才训练。

电话销售员："先生，我理解您的想法，的确这件产品有点贵，如果换成我买的话，也会这么认为的。"

客户："是啊。"

电话销售员："那请问您认为跟谁比贵。"

客户："跟 ×× 比贵。"

电话销售员："如果我们跟 ×× 价格一样，您会怎么选择？"

客户："那会选你们的产品。"

电话销售员："为什么呢？"

客户："因为你们的产品技术更好一些、质量更高一些。"

电话销售员："能得到您对我们产品的信任和支持，我感到非常荣幸。请问技术先进、高质量的产品对您有意义吗？"

客户："当然。"

电话销售员："技术领先、质量稳定不仅让您使用更放心、更方便，也能让您降低维修成本，提高设备完好运行时间，是不是能给你带来更高的效益？"

客户："是的。"

电话销售员："正因为它们对您受益匪浅，所以更应该选择。我相信您一定会选择对自己有益的产品，而不是便宜的。"

口才训练7：对客户无关紧要的异议，可迅速转移话题

客户的异议是来自多方面的，有客户自身的，也有对产品及其价格方面的。当然，还有一些异议是吹毛求疵、无关紧要的。比如"你们的产品应该找××代言会更好。"这样的成交障碍几乎不足为虑，销售员只需迅速转移话题即可。

口才训练

客户："（抱怨地）你们公司的这个Logo真难看？若是你们换个好看一点的，就更好了。"

电话销售员："（微笑地）是啊，您的建议非常中肯，我回去会好好跟领导反映这个问题的。不知道这次您想要进多少？"

口才训练解读

客户的异议千差万别，而化解的技巧也不尽相同。对于客户这种无关紧要的异议，销售员可以采用忽略法，迅速转移话题。因为这样的异议与其争辩没有太大的意义，既然客户仍然有潜在的需求，那么销售员不妨顺着他的意思说下去，然后找一个恰当的时机迅速回到成交的话题上来，口才训练中的销售

员就是这样做的。他首先肯定了客户的异议，然后直接提出"订货多少"的问题，引导客户签约。

面对客户无关紧要的异议，销售员可用忽视法加以应对。所谓忽视法就是指电话销售员对于客户一些无关紧要的异议，不直接反驳，不理睬或一带而过的方法。这样的做法可以避免很多不必要的麻烦，同时也有利于销售效率的提高。

面对客户那些无关紧要的异议时，电话销售员可以这样做。

（1）说话中带着笑意，表示"您说的有道理"或表示"您的意见我们会考虑的……"

（2）微笑着送上一句"您真幽默……"

（3）对客户说"嗯！真是高见啊！"

当然了，这种方法只适应于那些对成交没有重大阻碍的异议，销售员若是碰到那些事关客户核心利益且客户态度坚决的异议，切不可采取忽视法，否则客户受到冷落之后一定不会继续参与接下来的交易活动。

上面这三种说法都是表示对客户的肯定。任何人都喜欢被人肯定，而不喜欢被人否定。当客户这种被肯定的心理获得满足后，也就容易跟着销售员的引导走，不会过多计较销售员随后的话题转移。

口才训练8：用无声的语言化解客户的异议

有一个经营印刷厂的老板，在赚得盆满钵盈之后便有了退隐商海、享受生活的打算。他原来从美国购进过一批印刷机器，经过几年使用后，扣除磨损费应该还有 250 万美元的价值。他在心中打定主意，这批机器的最低售价为 250 万美元，如果低于这个价码，他是绝对不会转让的。

有一个买主在谈判的时候，使尽浑身解数挑机器的毛病，把机器批得一无是处，这让他十分恼火。但是他在刚要发作的时候，突然想起自己 250 万元的底价，便默不作声了，于是这场谈判仍然上演着买主一个人的独角戏。结果到了最后，那人说得筋疲力尽了，在结束之前竟然蹦出这样一句话："嘿，老兄，我看你这个机器最多能给你 350 万元，再多的话我们可真是不要了。"于是，这台机器比老板的预期多售出了 100 万美元。

有的时候沉默也是一种化解异议的有力武器。不说话就不会让对方猜到自己的底牌，不说话会给人一种神秘感，不说话让客户不敢妄下断言，不敢提出有关产品的过分异议和要求。

口才训练

王丽丽是某家健身器材店的电话销售员，一天她接到一个中年妇女打来的电话。

王丽丽："您好，女士，请问您需要什么帮助吗？"

女子："我想买一款跑步机，帮我介绍介绍吧。"

王丽丽："咱们这里的跑步机根据品牌和功能的不同，分为好多的类型，不知道您想要什么样？"

然后王丽丽就开始为这位年轻女子介绍起了各种型号的跑步机，最后根据这位客户的需求，王丽丽帮她推荐了一款价格为 4 999 元的跑步机。

女子："这个价格有点贵呀！"

王丽丽："女士，这个已经是我们的最低价格了！"

女子："我买这么大的一个器械，总不能不给我便宜一分钱吧？"

王丽丽："那您说个价格吧……"

女子："我现在正着急用呢，这样吧，给我便宜499元，就4 500元怎么样？"

王丽丽一听这话，知道女子是真心想买跑步机，于是轻轻地叹了一口气，然后便一直沉默。

见王丽丽沉默着不说话，女子有点耐不住了。

女子："4 600元，行了吧？"

王丽丽在电话那端还是不出声。

女子："4 700元！再多一分钱我也不买了！"

王丽丽知道时机已成熟，而且女子提供的价格早已经超过了自己的心理预期，于是双方便成交了。

口才训练解读

在上述口才训练中，当客户提出价格异议时，销售员王丽丽并没有立刻与之讨价还价，而是先探明客户的心理底价。当王丽丽得知女子正着急使用产品的时候，便开始采取敌动我不动的心理战术，并连续使用了两次沉默策略。正是因为她的不动声色，才使得客户不敢随意降价，即便是一下子把价码降到最低，迫于她默不作声的压力，也还是会把价格慢慢抬高，这样销售员便为自己挽回了一大部分的盈利空间。

技巧解析

在销售过程中，沉默也是一种化解客户异议、达到销售目标的有效手段。不过销售员在利用这种方法给客户施压的时候，一定要掌握好分寸，否则不仅不会让自己占据优势，反而会激怒客户，从而失去成交的机会。

1. 沉默要选择恰当的时机。

被誉为西班牙文学世界里最伟大的作家塞万提斯曾经说过："乘着顺风，就该扯篷。"在合适的时机做合适的事情，可以起到事半功倍的效果。在销售中，选择沉默的时机也是有讲究的。比如，当客户在开价后正急切地等着答复时，这时候适时沉默就可以给客户施加一定的压力，让客户主动提价。但是如果销售员选择不合适的时机，就有可能会适得其反。

2. 沉默的时间不宜过长或过短。

沉默也应该见好就收。在化解客户异议时，销售员沉默的时间过长，会让客户丧失耐心，迅速结束沟通；沉默的时间过短，则无法起到威慑的效果。因此，销售员在使用这种方法的时候要根据当时的具体情况，对沉默的时间有所控制。

3. 沉默必须有计划和目的。

在销售技能中，沉默并不意味着隐忍退让，更不是逃避，而是以退为进的积极行动。销售员使用这种方法的目的就是为了给客户施加一定的压力，使之放弃原来的异议，从而有效促成双方的成交。

第八章　掌握好火候，用沟通技巧促成订单

　　促成订单是电话销售员的终极目标，前面一切努力的付出都是为了成交做准备的。如果把握不好电话销售最后的阶段，那么前面的工作做得再好，那也可能会前功尽弃。

　　因此，在这个关键时刻，电话销售员要练就一双火眼金睛，及时识别客户释放出来的成交信号。此外，电话销售员还需要掌握好各种促成技巧，比如意向引导法、成交画面图法、利益汇总法、欲擒故纵法、少量试用法等，这些都是促成订单的利器。

口才训练1：及时识别成交信号，一张利嘴因时而言

成交信号就是客户决定与电话销售员达成交易的外在表现。这是一个促成交易的关键要素。在推销的最后阶段，聪明的电话销售员往往就像是一个察言观色的"侦察兵"，能够密切关注客户的成交信号，及时抓住最有利的购买时机，从而一举将客户订单收入自己的囊中。

不过在实际推销的过程中，并不是每一个销售员都能把握好这个成交的时机。很多电话销售员的沟通能力很强，可是他们把重点都集中在了解和挖掘需求、建立关系上，很少能接收到客户发出的成交信号，最后谈来谈去却没有成交。

因此，要想做一个合格的电话销售员，就一定要抓住机会，及时把握住客户的成交信号，在电话中就促使客户下订单。

通常来讲，过早过晚都会影响成交的质量与成败。过早提出成交，客户还没有产生购买的欲望，双方就产品的交易还没有达成一致的共识，因此成交的概率微乎其微；过晚提出成交，客户的购买冲动已逐渐减弱，甚至已经平息，客户可能又有了新的打算，对成交要求会显得迟疑与犹豫，增加了成交的难度。所以电话销售员一定要客户释放出成交信号的时候果断地提出成交要求，以免贻误最佳的时机，功亏一篑。

口才训练

电话销售员："我为您介绍的这款打印机是目前市场上清晰度较高的，可以实现600×600dpi打印分辨率。"

客户："这种打印机是一键式操作吗？"

电话销售员："是的，一键式开关、一键式扫描、一键式打印、一键式身份证复印……用起来非常方便，可以大大提高贵公司的工作效率。"

客户："噢，那它的售价是多少？"

电话销售员："××元，这款打印机性价比相当高。"

客户："如果机器出现故障，你们会负责维修吗？"

电话销售员："我们为您提供很完善的售后服务，如果您买后发现有产品质量问题，可随时在一月之内包换，一年内包修，终身免费维护。我们的售后维修点遍布全国各地，您尽管放心地购买。对了，我们提供北京五环内免费送货上门的服务，您看是不是很方便？"

客户："货多久可以送到？"

电话销售员："当日订货次日即可送达。"

客户：（沉默）……

电话销售员："我们的产品，工业级机身设计，可实现大批量连续稳定打印，非常适合您这样的大企业。"

客户："可是这个要价还是有点贵。"

口才训练解读

口才训练中，客户先后发出了四个购买信号（询问产品的使用细节、价格、售后服务、交货日期等），这摆明了购买欲望很强烈，否则他怎么会浪费这么多的时间和精力——了解。可是电话销售人员未能留心加以识别客户的购买信号，结果导致客户有机会又提出了新的异议，这样又给销售增加了新的难度。

技巧解析

在电话销售业务中，成交信号在推销过程中的某一个阶段，随时都可能出现。那么，电话销售员应该怎么识别客户的成交信号呢？

1. 语言信号

俗话说，言为心声，行为心表。当客户有心购买时，一定会不知不觉地从他的只言片语中流露出来，例如，当客户说："这份保险都有哪些保障功能？"这就是表现出来的真正感兴趣的迹象，它表明成交时机已到；当客户询问投保的价格时，说明他了解的兴趣在逐步加深，当他商讨价格时更说明他已经有了购买的决心。

归纳起来，当客户有意成交时，"语言信号"通常会表现在以下几个方面。

（1）言谈中透露着对产品的认可和赞同，或对销售员的话频繁地表示同意。

（2）若客户仔细询问产品的质量、性能时说明客户不仅已对商品产生兴趣，同时也意味着准备购买了，否则他不会打听这么多。

（3）询问价格。如产品的具体价格，和竞争对手的产品价格做对比等。

（4）提及售后的服务问题，如产品的安装、调试、使用、保养故障维修等。这表明客户对产品非常感兴趣。

诸如此类的语言信号有：

"送货上门的话大概几天能到？"

"这台机器出现故障怎么办？"

（5）和同伴议论产品。这说明他很想买这个产品，但又想听听旁人的参考意见。

（6）重复问已经问过的问题，这表明他非常在意这个问题，销售员只需认真配合回答，解除其心中的疑虑，成交便水到渠成。

（7）客户认真询问付款方式。比如"我能用信用卡付费吗？"这说明他已经做好与你交易的准备。

（8）当推销介绍结束后，客户轻轻地松一口气，恢复沉默，这是成交的最佳时机。

（9）电话里声音开始活跃，态度更加友好，不时传递微笑。这说明他对你的产品及服务相当满意。

总之，语言信号的种类很多，电话销售员一定要牢记这些成交的信号，主动提出签单的请求。如果一拖再拖的话，很容易贻误有利战机。

2. 事态信号。

事态信号即业务活动有关的事态发展所表现出的成交信号。例如，向销售员透露有关产品购买过程中的其他决策人；提出变更业务程序；客户愿意接受电话销售员面谈的邀约，甚至主动约见面谈的时间地点；客户来电主动索取产品的有关资料，积极询问相关的问题；客户来电委托办理个人私事。这些都是"好事将近"的征兆，销售员一定要把握好这些成交的最佳时机。

口才训练2：适时给客户编织一幅成交画面

电话销售是一个充满艰辛且极具挑战的工作。它不仅要求销售员能够发掘客户的需求、做好产品介绍、化解客户异议，而且还要求销售员掌握各种促成技巧。在诸多的促成技巧中，其中有一个假设成交法。它的意思是指销售员充分发挥自己的想象力，给客户编织一幅成交的画面，以此来增强客户购买的决心，继而实现成交的愿望。

管总是电话销售员小刘的一个潜在客户。本来这位潜在客户对保险并没有兴趣，他觉得为了一些未来无法预知的事情白白投入一大笔资金非常愚蠢，但是和小刘的一次对话彻底改变了他的观点。

管总："我们公司的运营情况一直以来都非常好，所以没必要买保险。"

小刘："是这样的，我认为保险是一个以小博大的投资，您需不需要保险我不敢说，但在您的办公室或家里却有一些东西您不得不备着，如字典，您可能只查过一两次；墙角的灭火器，或许过了使用年限都没用过呢；虽然不经常停电，但床边会备着手电筒。小偷不一定上门，您还必须给门上了锁。保险其实就是备用胎，虽然不常用，但是不能不准备。您的公司眼前经营得平安顺畅并不代表以后就一定不会发生一些特殊情况，对吧？"

管总："嗯，你说的有道理。"

小刘："前段时间，有个公司发生一起火灾，该公司的负责人急得抓耳挠腮，因为他将面临高达数百万的民事赔偿。其实这样的意外谁也不想遇到，但是人生无常，我们不能预测未来，能做的只有未雨绸缪，防患于未然。假如您购买了我们的这份保险，一旦员工遭受意外伤害时赔付的保障金额是40万元，这样即便是员工上门索赔，您也能轻松应对，不至于以后背负起沉重的经济负担，无力翻身。"

管总："你说的不是全无道理，我考虑考虑。"

小刘："管总，您有这样的保险意识非常好，如果有了这份保险做保障，既能保护您的权益，同时也让继续在您公司工作的员工能享受到您给他们的福利，岂不是两全其美？"

管总："我想知道这一款保险投保金额是多少？"

小刘："是这样的，这一款保险……"

管总："这个方案看着不错，如果公司发生意外情况，你们能及时理赔吗？"

小刘："这个您放心，在办理保险的时候，您需要出示一份税务登记证的复印件。假如要进行理赔，则需要您提供您和工人的雇佣关系证明，然后我们按照工伤保险条例，对出险的员工进行赔付，相信40万元的保障金可以缓解您很大的经济压力。"

管总："这个保险确实能帮我规避很大的风险，那好，复印件我会即刻派人送到你那里，然后你帮我也办理一份吧。"

小刘："好的，没问题，只要资料齐全，我会立刻帮您办理。"

口才训练解读

在上述口才训练中，一开始客户对于保险没有丝毫的购买兴趣，为了打开销售的突破口，电话销售员小刘首先用一个生动形象的比喻深入浅出地让管总认识到保险的重要性；然后摆出一个公司发生意外民事赔偿的事实，引发管总的忧患意识；紧接着他又为管总编织了一个成交的画面，在这幅画面里，管总因为购买这份保险获得了很大的安全保证和经济效益，深深地契合了其抗风险的内心需求，有力地刺激了其购买的欲望，最后销售员小刘自然而然地促成了签单。

技巧解析

电话销售员在编织成交画面的时候可以使用哪些技巧？

1. 激发客户的想象力。

在向客户介绍产品时，充分调动其想象力是非常重要的。如果电话销售员能够通过激发客户的美好想象，让客户深切感受到拥有之后的快乐，那么这种体验式的销售可以有效激发客户的购买欲望，加快其购买的步伐。

比如，"李经理，您现在办理之后，费用上没有什么大的变化，但是却可以享受到 500MB 的带宽，这就相当于给您的网速插上了翅膀，原来很久才能够下载一部电影，现在一会儿就可以了，提速四五倍之后，您看视频一点也不会卡，没有缓冲，没有烦恼，给您一次畅快的视觉体验！"

2. 给客户讲一个故事。

一位优秀的电话销售员，一定是一位讲故事的高手。通过讲一个生动形象的成交故事，可以充分发挥客户视觉、听觉、嗅觉和触觉的感受，进而激发其购买的冲动。

比如，"××公司的王总在采用了我们公司指定的这个生产管理方案之后，生产量一下子翻了五倍，他今天上午还激动地给我打电话表示感谢呢！如果您不相信，我可以将王总的公司电话给您，您问问看！"

"我有个朋友，她自认为体质很好，觉得买保险简直就是浪费钱，结果上半年体检的时候，被检查出患有晚期子宫癌，到现在已经花费了好几十万元了。不过好在她的父母心疼她，以前偷偷帮她买了一份保险，这才使这个风雨飘摇的家庭获得一份丰厚的经济保障。天有不测风云，人有旦夕祸福，所以我觉得防患于未然总是好的。您说对吧？"

口才训练 3：运用"意向引导"法给客户设一个"圈套"

在化学学科里，有一个专业术语叫"催化剂"，它是一种能够加快化学反应的物质。同样在电话销售中，销售员也可以运用"意向引导"这一催化剂加快成交的步伐。

那么，何为"意向引导"法呢？它是指销售员在电话里循循善诱，向客户做有意识的肯定的暗示，让客户跟着自己的思路走，这样就使客户在买东西的过程中变得特别积极，并且心中也会产生一种尽快成交的愿望。这种方法在产品交易中的作用很大，假使客户有心购买，而且产品的价格在其能够承受的经济范围之内。这时电话销售员只要向他们进行"意向引导"，一般都能使洽谈顺利地进行下去。

口才训练

小李是某房地产公司的一名电话销售员，而张先生则是小李的一名潜在客户。从刚开始寻找客源到后来的电话邀约，再到后来的带看工作，小李一步步走得都很顺利。而张先生对于小李找的这套房子，也甚为满意，他觉得不论是房子的建筑风格还是结构格局，甚至车库都非常符合自己的要求。

看到张先生的兴奋之情溢于言表，小李决定拨通电话，趁热打铁，催促张先生尽快签单。

小李："只要你愿意在这张纸上签上你的名字，你就可以拥有它了。不过在你签单之前，我觉得必须告诉你一件事情，这栋房子价格比你想出的房款要高出五万元。"

听了这番话后，张先生随后便陷入了深深的思考。小李觉察到了这一变化，于是问了一个问题："张先生，您既然在这儿买房，肯定是打算扎根于这个城市，我想你肯定会在这里住上30年吧？"

"买一套房子不容易，我还打算住一辈子呢。"

"那咱们一起来探讨探讨这儿的周边设施以及交通状况吧。以您的经验，您觉得这个地理位置可以让这座房子升值吗？"

"这当然太有可能了。这里即将修建一个火车站，是政府重点规划的区域，升值空间很大的。"

"那么，请再回答我一个问题。你现在每年租房子总共需要多少钱？"

"大约 8 万元。"

"那你愿意以年租金 6 万元的价格租下这么大的房子吗？而且更为重要的是，钥匙一到手，您就有可能享受它带来的价值增长，性价比这么高的房子，您买下来简直赚翻了。"

张先生听后，当即就和小李约好了签单的时间和地点。

口才训练解读

"意向引导"在产品交易中的作用很大。口才训练中的销售员小李就是采用诱导式的提问引导客户的回答朝着自己期望的方向发展。也就是说，前面关于房屋地理位置的探讨，租房子的房租等都是为了让客户认识到房屋巨大的升值空间，以及房屋价格的合理性。一旦客户认同了这些想法，那么签单任务就可顺利完成了。

技巧解析

电话销售员在对客户进行产品推销时，一开始就要做好引导的准备，向客户做有意识的肯定的暗示，使他们从一开始就走进你的"圈套"。

例如："我们公司目前最新推出一个保险方案，我想对您说的是，如果您现在把钱投资进去，缴纳够 20 年之后，您就可以获得 ×× 万元的身故保险金，×× 万元的满期保险金，再加上 ×× 万元的养老金。到那时，您就可以不用给子女增加任何经济负担。您说，那样的生活多好啊。"

"现在，市场不景气，如果您在这时候买下我们公司的产品，那么经济复苏之后一定会稳赚一笔！"

当销售员给了客户这样的暗示之后，需要给他一定的时间去考虑，否则达不到理想的效果。

销售员在运用"意向引导"法的时候需要注意哪些问题？

1. 擅长于把握住机会。

俗话说，机不可失，时不再来。如果销售员认为已经到了探询客户是否购买的最佳时间，就对他们进攻。如：

"可怜天下父母心，相信每一位家长都希望自己的孩子能够接受高等教育，将来学有所成，出人头地。不过您是否考虑过，怎么才能避免沉重的经济负担，而对我们公司现在进行投资，将来就可以获得足够的教育初步基金，您认为如何？"

"当然，每个人都有支配自己金钱和购买心仪产品的权利，我也不能强迫你买我的产品，只是我想提醒您一句，这是一个好的投资机会，我希望您可以试试。"

只要电话销售员一开始就运用这种方式，给客户恰如其分的引导，就会使其产生一种积极的购买态度。当买卖深入到实质性的阶段时，销售员先前的暗示虽然起不到什么大的作用，但是一旦你再对客户进行购买意愿试探时，作用于客户的暗示就会坚定其购买的信念。

2. 牢牢把握客户所说的话。

比如，客户："你给我推荐的这台设备的透气性能不好，我不喜欢。"

电话销售员："我能为您找一个复合保温模板，怎么样？"

客户："最近我们公司的资金有点儿紧张，可以分期付款吗？"

电话销售员："如果你同意我们的分期付款条件，这件事由我来办，你同意吗？"

客户："价格是不是太贵了，我们确实有点儿承受不了！"

电话销售员："您别急，我可以找会计谈一谈，看一看最低要多少首付，到时候咱们就具体的情况而定好吗？"

意向引导是促成客户成交的一种有效方法。在上述口才训练中，电话销售员牢牢地掌握客户的话茬，一环套一环，大大增强了成交的概率。

此外，销售员在向客户介绍产品时，应该让他们参与进来，并且尽可能地激发他们的想象力。这样他们的思路就随之开阔了，同时购买的欲望也就逐步强烈起来。

口才训练4：把全部利益一次性摆在客户面前

在客户的愿望清单里，他们总是希望花最少的钱获得最多的收益。因此，在促进成交阶段，电话销售员如果能在请求成交时将产品能给客户带来的利益全部汇总展示给客户，那么一定会极大地满足客户求利的心理，成交的概率无疑也会高出很多。

口才训练

电话销售员："王所长，您说得很对，产品售价是不便宜，但是它贵也有贵的道理。首先，这块芯片散热性很好，即便您的科研团队持续工作数十个小时，也不用担心芯片温度过高所带来的麻烦；其次，这款产品在使用时非常方便、快捷，因为它是加速集线架构的，将一些子系统，如 IDE 接口、音效、Modem 和 USB 直接接入主芯片，能够提供比 PCI 总线宽一倍的带宽；再次，信息传输功能强大。您看，这么高速、安全、功能强大的科研芯片简直是为您这种从事高端研究的高级知识分子量身定做的，我给您订上吧！"

客户："好，价格贵是贵点儿，不过我承认确实是物有所值，先给我订一套吧，如果用得好的话，咱们以后还可以合作。"

口才训练解读

利益即客户的某种需求。在上述口才训练中，电话销售员根据客户工作的性质以及实际需求，将产品的优点及其给客户带来的利益一一做了说明，而这些利益正好和客户的种种需求相契合，因此才能把话说到客户的心坎里。在这么一番利益汇总后，客户确信产品的价格和其价值是对等的，因此坚定了购买的决心。

电话销售员在对客户进行汇总利益表述时，其中的每一项必须是客户所迫切希望得到的，否则即便是"重磅利益"，客户也是不会动心的。

技巧解析

电话销售员在罗列产品优势的时候，一定要切中客户的"利益点"。那么，何为"利益点"呢？其实就是指产品能给人带来的直接利益或间接利益。销售员在将这些"利益点"汇总的时候需要注意哪些问题呢？

（1）一定要让客户明白他自己没有花了冤枉钱。

（2）推销产品的时候多站在客户的立场上想一想。

（3）着重强调产品可以给客户带来哪些利益，而非单纯地介绍产品的功能。

下面通过举例来说明：

电话销售员："我们公司开发的这款新型 TUTU 马桶，其设计理念特别符合现代家庭追求生活质量的要求，而且它的节能效果还非常好，它的最大特点就是程序和出水量可以自行选择。"

客户："自行选择，那它的安装技术一定很先进吧？"

电话销售员："当然了，我们集团公司专门有一个部门负责这个项目。这款产品的表面有无孔保护层，可以防止污垢附着和细菌滋生，而且更重要的是它可以节能省水。"

客户："节能省水？它是怎么做到的？"

电话销售员："它根据人们不同需求设计了几种程序，并且盖板具有缓降的功能，这样可以增加坐便器的寿命。"

客户："在国内同档次产品中这个产品是性价比最高的吗？"

电话销售员："您可以做个比较。这里有数字说明，同类型的产品，这款产品比国内产品整整少了三分之一，但是它每月却可以省水三分之一，省电三分之一。"

客户："你的这些数据都是怎么算出来的，可靠吗？"

电话销售员："您放心，这些产品都是经过反复的实验对比得来的。我们的客户遍布全国各地，累计用户量已经达到××万，大家反馈的效果很好。"

在上面例子中，电话销售员在利益总汇的时候紧扣客户生活的需求，让客户相信自己所买的产品是物超所值的，这样就有效地激发了其购买欲望。

电话销售员在用利益说服客户的时候可以使用以下两种技巧。

（1）利益数字化。

数据具有简单、准确、直观的特点。销售员如果能将产品利益数字化，那么，客户更能直观形象地感受到产品带来的好处。

比如，"李先生，你们每个月拿出800元，平均下来就是每天大概27元。

用这笔钱来购买一份保险，在您缴纳第一笔保费之后，您就可以拥有 50 万元的保障。并且在 15 年期满之后，您每年还可以领到 3 万元，这给您的晚年生活提供了一个很大的保障！并且 14 万元变 50 万元，非常划算。"

（2）用比拟方式将产品转化为客户的利益。

这种方法其实和利益数字化有异曲同工之妙。比如，"李先生，6 年缴费完毕之后您可以领取 50 万元满期金，这笔钱正好可以给您的儿子做创业基金，望子成龙一直是您的心愿。"

"李先生，现在这个社会 100 元钱根本干不了什么，您还不如把它存下了，每天 100 元，存了一个月便成 3 000 元、一年 36 000 元。但是，您有没有想过，当您存了 10 年变成 36 万元的时候，这笔巨大的金额可以圆您多少梦啊——全世界旅游、送孩子出国读书……"

口才训练 5：采用"欲擒故纵"战术

欲擒故纵是销售员促成交易的一大法宝。它主要是以"纵"的方法，顺利地达到"擒"的目的。

口才训练

客户："我比较喜欢金属灰的，它有一种沉稳质感之美。"

电话销售员："您说的那一款是 × 年的流行款，卖得很火爆，我们这边经常是供不应求，现在还不知道库房里有没有了。您稍微等一下，我到我们内网查一下，再联系你吧！"

客户："嗯，好的。"

（几分钟后销售员拨通了客户的电话）

客户："您好，哪位？"

电话销售员："恭喜！您今天运气可真好，您喜欢的那个款式卖得只剩下两台了！"

客户："哦，是吗？那你抓紧给我订上！谢谢！"

口才训练解读

"欲擒故纵"能激发出客户对产品的兴趣，坚定客户想要购买的决心。上述口才训练中的电话销售员在觉察到客户的兴趣之后，就以查验库房是否有货这种"故纵"之法，激发出了客户强烈的购买欲望。果然客户在得知仅剩两台之后，迫不及待地要求订购，销售员最终也成功实现了"擒"的目的。

技巧解析

电话销售员在使用欲擒故纵时需要注意哪些要点？

1. "故纵"之语要合乎情理。

欲擒故纵策略存在一定的风险，销售员只有在有十足的把握时方可使用。而且在使用的过程中，"故纵"之语要尽量显得合情合理，符合当时、当地、当事人的实际情况，不能差距过大，否则难以取得客户的信任。

2. 欲擒故纵要把握好尺度。

销售员在使用这一策略的时候必须把握好"纵"的度，"纵"得太过，反而可能失去客户。

3. 语气诚恳。

销售员在使用欲擒故纵时需要情感、神态、动作、语调多方配合。不过电话销售具有一定的局限性，客户看不到你的动作，也看不到你的神态，因此销售员只能通过语气传递信息。

一般来讲，客户对销售员语言的接受程度，取决于对销售员表达的感知与理解的深浅。销售员的态度越诚恳，表达越明晰、越确切、越执着、越有诱惑力，越容易建立客户坚固的信任，越容易坚定客户购买的决心。

此外，销售员还需要注意，欲擒故纵的前提条件是，确认双方已经就产品达成一致共识，并且主动权在销售员自己手里，否则决不能轻易纵敌。

口才训练6：利用客户惜失心理促成交易

著名歌手陈奕迅的《红玫瑰》里有这样一句歌词：得不到的永远在骚动，被偏爱的有恃无恐。它的大意是指一个人越是得不到的，就越想得到。但是得到的越容易，就越不放在心上，有恃无恐。其实这反映的是一个人性的弱点。很多聪明的商家都会利用客户"得之以喜，失之以苦"的心理，敦促其及时做出购买决定。

走在大街上，可以看到很多商家都打着优惠限时的旗号促销自己的产品。比如，"这套英文版教材全国已经只剩下三套了，而且别的渠道都没得买，我担心过两天都售空了。因此，您最好现在就做出决定！"就这样，商家利用了客户的惜失心理最后顺利完成交易的任务。其实这样的做法对于电话销售员而言也有很强的借鉴作用。

口才训练一

小李是某公司的电话销售员，他的主要任务是推销汽油。有一天，通过收集资料，他发现了一位潜在客户，该客户是一家小型加油站的老板。怀揣着必胜的信念，小李拨通了这位潜在客户的电话。

……

小李："先生，我不得不告诉您，如果您不想听我的意见的话，那么您将损失一大笔财富；相反，如果您能按照我说的做，我保证你将来大赚一笔。"

客户："有这么玄乎吗？你让我干什么事儿？"

小李："是这样的，先生，我为您准备了两货车汽油。"

客户："原来你要给我推销汽油啊，对不起，我现在不需要，我这个地方已经满满当当了，根本存储不下那么多。"

小李："先生，这是一次千载难逢的赚钱机会，因为过段时间市场的油价马上就要上涨，你要是早点存储汽油，低价买进高价卖出，可以赚一大笔差价呢。另外，您现在买的话，我们还有优惠呢，过了这个活动期就没有这样低的价格了。"

客户："你怎么知道油价要涨呢？再说你自己怎么不赚呢？"

小李："我是做这一行的，对于这个行情走势早已经摸得一清二楚了。我之所以告诉您，是因为我们公司想做更大的生意，大公司薄利多销，但是您的加油站就不同了……您这一次利润或许再花半年都赚不回来，您怎么忍心错过呢？"

客户："让我再想想吧，汽油存储就是一个大问题啊。"

小李："您可以租地方啊，解决了汽油存储的问题您不就可以大赚一笔了嘛！"

客户："你让我再考虑考虑吧。"

过了一天，客户主动联系了小李，告诉他已经租好了一个地方存放汽油，就这样，买卖双方顺利地完成了这笔交易。

客户："这个软件对我们公司确实有用，可是我们规模较小，资金也不宽裕。"

电话销售员："这个您别担心，我正是为这事才打电话的。您正好赶上我们公司的周年庆特价活动，所以可以享受公司推出的七折优惠。要是错过了这次机会，到时您要比现在的价格多付25%。"

客户："你让我再想想。"

电话销售员："其实没有必要，您看，价格优惠力度这么大，而且产品的档次放眼整个市场也是数一数二的，最关键的是它能帮贵公司提高30%以上的工作效率，节省很多办公成本！如果再犹豫几天的话，公司的优惠活动一结束，您就享受不到这个优惠了。"

客户："好吧，那我还是买了吧！"

几乎每个人都有贪图便宜的心理，因此口才训练一中的销售员在分析了客户这种患得患失，害怕错失赚钱良机的心理之后主动进攻，最后完成了销售。

而口才训练二中的客户则嫌价格太高，电话销售员要想打消掉客户这种摇摆不定的心态，就不得不使出"撒手锏"，即优惠促销的最后机会。这个最后的优惠机会意味着客户可以省下一大笔费用，一旦错过，要想购买产品就会多花很多钱。在惜失心理的作用下，客户最后终于答应了销售员购买的请求。

技巧解析

电话销售员在利用客户的惜失心理促成交易时往往给客户限制最后的机会。比如，限数量（数量有限，欲购从速）、限服务（指定的数量内会享有更好的服务），限时间（在指定时间内享有优惠）、限价格（针对于要涨价的商品）。这样就促使客户有紧迫感、压迫感，产生"若错过这次机会，会有很大损失"的感觉，从而坚定客户购买的决心。

不过，电话销售员在使用这种方法的时候，切不可为了成交而信口胡诌，否则一旦被识破，信誉扫地，得不偿失。此外，惜失心理的运用只适用于那些产品价格有很大优势，或者比较缺货的情况，对于货源充足，没有任何优势的产品，则几乎起不到任何的效果。

口才训练 7：少量试用法建立客户购买信心

在宠物市场上有这样一种现象：有的顾客看见小狗之后虽然觉得喜欢，但总是舍不得花钱去买，这个时候小商贩就慷慨地将小狗送给顾客养几天，等几天过去之后，顾客和狗都彼此相互熟悉，并且产生了依赖和感情，最后顾客只好将这只小狗买回家。

客户在初次接触一种产品或者服务时，难免会有很多的顾虑，一时下不了购买的决心也很正常。小狗试用成交法的本质就是鼓励客户试用，等客户认可之后自然会购买。电话销售员其实可以从小狗试用成交法中得到一个启示：先让客户少量试用，一方面显示出对产品或服务的信心，另一方面也能打消客户的疑虑，鼓励客户成交。等客户建立起对产品的购买信心，成交也便水到渠成了。

口才训练

客户：“这培训的总费用可不便宜啊，培训效果好不好犹未可知，我还是再考虑下一吧。”

电话销售员：“其实您也不用多考虑了，街上那些小商小贩不是经常喊‘先尝后买，好吃不贵，不好吃管退’，贵公司也可以先安排一批人员到我们这儿来培训，一期的培训结束后，如果效果明显，确实有助于公司营业额的增长，您再让其他人参加培训也不晚。这样好不好？”

客户：“如果真能这样的话，那我就放心了。我会尽快安排第一批人员参加培训。”

口才训练解读

人们在初次接触产品或者服务的时候通常都充满了戒备。口才训练中的客户一开始就是对培训机构的费用以及培训效果充满质疑，不敢轻易尝试。于是销售员就提出了分批次培训的构想，也就是“少量试用”培训服务，最终打动了客户的心，还为将来的合作打下了基础。

技巧解析

少量试用法其本质是“抛砖引玉”，建立客户大批量购买的信心。这种方法操作性强，促成效果也很明显。不过，销售员在使用此方法时要保障产品的质量，否则即使吸引客户少量试用，后续的成交仍然难以达成。

以下是几个少量试用法的语言技巧示范：

“韩老师，这个专业杀毒软件真的很不错，它的性能如何您使用一个月就知道了，如果觉得可以到时您再做出进一步的打算，好不好？”

"因为咱们是初次合作，您对我们公司还不是很了解，为了表明我们的合作诚意，不如您这次只采购一小部分，如果您对它的使用效果满意的话，再做大量的采购，好不好？"

"网络广告到底能不能增加产品的销量，您先投放一个星期，不就知道效果啦？"

口才训练8：利用紧迫感"推"客户一把

当一个人最忙时，学的一定最多；当一个人最安逸时，倒退的一定最快；可以说，压力和其工作效率是成正比的。一个人的压力越大，其前进越快，生活就越充实。如果没有这种压力感和紧迫感，也许他永远自由散漫，一事无成。同样的道理，在电话销售中，当客户犹犹豫豫、举棋不定的时候，销售员也可以通过制造紧迫感来给客户一个向前的推力，这样不仅可以节省双方的时间和精力，更可以加快成交的步伐。

口才训练

销售员小蒙有一天接到一通买房的电话，客户是一对年轻的夫妻。经过小蒙的精心推荐，夫妻俩看中了××小区的一套房子。可是让小蒙着急的是，这小两口光嘴上说满意，但却一直犹犹豫豫，没有做最后的购买决定。为了迅速达成这单交易，小蒙决定拨通电话，趁热打铁，给他们制造点紧迫感。

小蒙："陈先生，您好，我叫小蒙，之前带您看过几次房的。"

陈先生："哦，你好。"

小蒙："陈先生，不知道您和太太考虑得怎么样了？我同事的客户也看中了您心仪的这套房子，现在他们正在商谈这个房子的相关细节问题呢，估计很快就能定下来了。我知道您对这房子也比较满意，所以先问一下您，因为毕竟您是先来的，他是后到的。如果您现在能够做出购买决定，我可以向我们经理申请一下，看看是不是可以为您保留。"

陈先生："你们的房子居然这么抢手，我非得现在就做出决定吗？"

小蒙："陈先生，不是我要催你，而是我同事的客户太有诚意了，他已经把意向金都带过来了，再晚这套房子可能就轮不上您了。这样吧，陈先生，您和太太赶紧再商量一下，我等您电话。"

陈先生："呃……我们确实很中意这套房子。那好吧，你先帮我保留这套房子吧。"

小蒙："嗯，我跟经理说一声。不过您得抓紧，再晚可能他们真的要签下了，所以，我还是得问一句，您什么时候过来交定金？"

陈先生："今天下午我们就过去交。"

小蒙："好的，陈先生，那咱们待会见。"

口才训练解读

在上述的口才训练中，客户虽然看中了房子但还在犹豫不决。为了早日促成交易，销售员小蒙特意告诉客户也有另外的人盯上了这一套房源，并且对方还诚意十足，这样就给客户营造了一种房源畅销的氛围，这个催化剂一给客户服下，他就有了一种紧迫感。于是，客户马上做出了购买决定，让交易板上钉钉，一锤定音。

技巧解析

1. 紧迫感是促成交易的灵丹妙药，如果使用得当，它可以让客户彻底放弃摇摆不定的念头，果断做出购买的决定。

以下是电话销售员使用这种方法时需要注意的一些问题。

（1）把握合适的时机。

"明者因时而变，知者随事而制。"在合适的时机使用这种方法可以使其发挥最大功力。何为良机呢？就是在电话销售员已经确定客户有购买意向却迟迟没有购买行动的时候。

（2）找准恰当的方式。

客户会因为遇到什么样的情况而产生购买的紧迫感呢？下面这两种情况下制造紧迫感就非常有效。

① 产品马上要过了优惠期。一般来说，贪图便宜几乎是所有人的本性，销售员若是告诉客户他看中的产品马上就过了活动期，到了××日期就要涨价，无疑会给客户带来一种紧迫感。这时客户可能就不再纠结产品的细节问题，从而痛痛快快地做出购买的决定。

② 营造产品的稀缺感。正所谓物以稀为贵，当客户意识到自己看中的产品快要被其他人买走，而且错失了此次购买的机会，以后很难买到的话，他就会加快购买的步伐。所以，销售员就可以在这一点上大做文章，给客户制造紧迫感。

2. 销售员在使用以上两种方法给客户制造紧迫感时，还需要注意以下两个禁忌事宜。

（1）逆反心理重的人禁用。

这种方法并不具有普遍性。有些客户天生便有着极重的逆反心理，且独立意识非常强，销售员越是逼着他们前进，他们反而会越倒退。因此，制造紧张感一定要绕开这类人群。

（2）不要过度制造紧迫感。

俗话说，过犹不及，事缓则圆。销售员如果制造过度的紧迫感，反而会让客户认为你要强买强卖，从而对成交造成了新的困扰。

此外，销售员还要注意，不管使用哪种方式给客户制造紧迫感，一定要在客户想要购买的基础上进行，否则无法有效地完成成交任务。

第九章　好好说话，维系好感情

　　做生意不是一锤子买卖，电话销售员要懂得放长线、钓大鱼的道理。在发展新客户的同时不要忘了经营老客户，这些老客户有很大的开发潜力和价值，通过他们可以获得再次成交的机会，也可以获得源源不断的客源。因此，为了更多的签单，为了取得更好的业绩，电话销售员需要使用一定的语言技巧和他们维系好感情的纽带，搭建起信任的桥梁。

口才训练 1：回访电话因人而异

早年流传着这样一个故事，美国前总统克林顿与夫人希拉里路过一加油站，恰巧遇见了希拉里夫人的初恋，这位初恋现在的身份是一个普通的加油小工。这时克林顿自鸣得意地说："你当初不嫁给我，你就是个加油工的老婆。"希拉里看了一眼自己的初恋说："我若是嫁给他，当总统的肯定是他，哪会轮到你！"

虽然克林顿与夫人希拉里之间是相互影响，相互成全的，这个笑话只不过是夸大了双方的力量。但是我们不得不承认，人类世界的很多事情，同样的环境，同样的条件，换一个人，结果可能就完全不同了。作为一名电话销售员，也要懂得因人而异，区别对待的道理，对于不同的客户，回访电话也要看菜下碟，因时而动。

口才训练

小飞是某公司的一名电话销售员。别看他长得五大三粗，但是其心思却非常细腻灵活。在电话回访的过程中，他根据客户购买意愿的不同，把电话沟通的间隔控制得有长有短。

晓冰是一位近期没有合作意向的客户。不过小飞并没有对他置之不理。

12 月 21 日，小飞拨通电话："喂，冰哥，您好，今天是冬至，特意拨通电话向您问一声好！记得保暖防寒，吃饺子哦！"

1 月 1 日，小飞再次拨通电话："冰哥，您好，祝您新年快乐。当然，祝您节日快乐的同时，我也给您带来了一个好消息，我们公司在元旦到来之际推出一个全新的保险方案……"

1月22日，小飞又一次拨通了电话："冰哥，今天是你的生日，我代表我们公司的全体成员真诚地向您说一声生日快乐！另外，我们还准备了一份小礼物送给您，这几天注意查收。"

……

终于有一天，在小飞"不离不弃"的热情感召下，客户晓冰主动拨通了他的电话，并且为其推荐了一个打算购买保险的客户。

口才训练解读

作为一名电话销售员也要懂得因人而异，灵活对待。口才训练中的电话销售员小飞就是一个值得学习的好榜样。潜在客户晓冰虽然购买的意向不强烈，但是小飞并没有完全放弃他，而是根据其购买意愿的程度，制定了"每隔两三个星期给他打一次电话"的追踪方略。当然，也正是因为电话的热情维系，小飞最终获得了一次成交的机会。

技巧解析

电话销售员在做电话回访的时候，要根据沟通的情况对客户进行分类，然后对不同类型的客户采用不同的跟进策略，这样才能达到事半功倍的效果。

1. 近期合作概率较大的客户跟进。

这类客户大体可以分为以下三种情况：

一是客户确实有需求，而且再次合作的意向很明显；

二是客户本来有需求，但"襄王有梦，神女无心"。你并不是他们下次合作的理想对象；

三是客户没有需求，只不过销售员搞不清客户内心真实的想法。

对于第一种情况的客户，电话销售员需要积极跟进、沟通，取得客户的信任后，加速双方的再次合作。在跟进时，应注意两点。

（1）力争回访内容和手段的多样性。电话销售员每一次跟进都不能讲同样的内容。此外，还需要灵活掌握邮件、传真、信件等多种跟进方法。而跟进方法的选用要根据客户的具体情况而定，并且在跟进的过程中，不管使用哪种方法，都要让客户感受到你的关怀之意，否则无法取得他们的信任。

（2）在跟进的过程中，以防漏接客户的电话。有的时候电话销售员并不是一个月 30 天都在岗，如果漏接了客户电话就等于错失了一次成交的机会。因此，销售员可委托同事将遗漏的信息告知自己。

第二种情况的客户销售员应多沟通、联络，首先搭建双方的信任和感情，不宜再一味地推销产品了。销售员只有与客户沟通，了解其需求、兴趣之所在，拉近了双方的心理距离，方可获得再次成交的机会。

对于第三种情况的客户，直接选择放弃就好。

总之，在这一阶段，销售员要练就"火眼金睛"，分析判断出客户的类型，然后才能做进一步的推销机会。

2. 近期合作概率为零的客户跟进。

近期不合作，并不意味着以后也没有合作的机会。俗话说，望着脚拇趾走路的人走不了远路。电话销售员一定要以长远的眼光对待这类客户，并且与之建立良好的关系。在与客户沟通时，记录客户预计购买此类产品的时间等信息，同时要与客户保持联络渠道的畅通，并且将公司定期的一些产品的功能介绍等宣传资料及时传递给客户，在客户需要的时候及时回应。这样可以让客户感受到你的存在，当他有购买产品的需求时，第一个想到的就是你。

3. 合作希望渺茫的客户跟进。

这类客户一般态度比较强硬，在沟通中，销售员首先要用一定适当的语言技巧打开客户的心扉，然后了解客户不购买的原因，在探索到问题的根源之后，就要做出一些针对性的解释和调整。

4. 已经报过价没有信息回馈的客户跟进。

针对这类客户，跟进的重点在于询问客户对产品的售后服务、产品质量、使用细则等方面的了解程度。如果他们还有什么不明白的地方，销售员可以详细补充。不过价格一直是一个较为敏感的问题，为了打消客户合作的顾虑，可以着重介绍一下产品的优点与优惠政策以及回报等，这样更有利于双方的合作。

当然，在价格沟通的时候，销售员也不要把价格说得太死，否则很有可能掐灭对方合作的欲望。

例如，"如果您能够现款提货，我可以跟经理申请一下，给您一定的优惠"或"如果您的定货量比较大的话，价格方面还好商量"。这样在价格方面也有一定回旋的余地，双方的合作或许就有了新的转机。

口才训练 2：电话追踪语言技巧

据一组调查数据显示，2% 的销售是在第一次接洽后完成；3% 的销售是在第一次跟踪后完成；5% 的销售是在第二次跟踪后完成；10% 的销售是在第三次跟踪后完成；80% 的销售是在第 4 至 11 次跟踪后完成！由此可见，持续的电话追踪有多么重要。不过坚持不懈的勇气和毅力固然重要，但掌握一定的语言技巧也很关键。销售员如果没有一定的追踪技巧的话，即便是追踪的次数再多，也达不到理想的效果。

口才训练一

电话销售员："彭小姐，您好，我是 ×× 网的销售员，想跟您确认一下订单的执行情况。您现在忙不忙？"

客户："我现在有空，你说吧。"

电话销售员："您在我们这里购买的 60 个杂粮礼盒，签收了吗？"

客户："已经收到了，谢谢。"

电话销售员："那您觉得我们的上门服务是否周到？那些礼盒包装怎么样？还有哪些地方是需要完善和改进的？"

客户："都没问题，我挺满意的，谢谢你打来电话询问。"

口才训练二

电话销售员："李先生，您好，这里是 ×× 汽车服务有限公司，我是客服代表 ××。您上个月在我们这里给您的爱车做过维修，您还有印象吗？"

客户："当然，你有什么事吗？"

电话销售员："今天给您打电话主要是做一个跟踪拜访。我想了解一下，您对我们的维修技师的维修是否满意？"

客户："还不错，车子这段时间运行得挺好。"

电话销售员："非常感谢您的评价，另外，您对我们服务站的整体环境是否满意？"

客户："还可以吧。"

电话销售员："非常感谢您对我们工作的认可与支持，李先生，我们公司最近做促销活动，现在推出了一系列的维修保养套餐，价格又特别实惠，如果您在活动期间给车做保养的话，可以打七折优惠。"

客户："哦。"

电话销售员："欢迎您有时间过来看看吧，具体活动时间是从××开始到××截止，如果您有意向的话，赶快抓紧吧！"

客户："好的。"

口才训练解读

口才训练一和口才训练二分别是合作后的跟进和回访，这些都是电话追踪的具体表现。在此过程中，电话销售员及时对交易的执行情况进行监控、核对，对维修服务的满意程度进行了调查，话语间流露着对客户的关心和重视，这样负责任的行为一定能换来客户的信任和再次消费。

当然了，电话销售员在电话追踪的时候也要选择好合适的时机，最好选在这种关联产品搞促销活动的期间，切忌打电话频率太高，并且追踪语言要让客户真切感到你是替他着想，这样才能达到维护和拓展客户的目的。

技巧解析

会说话是一种真本事。电话追踪说得巧，说得恰到好处，可以起到事半功倍的效果。一般来说，电话追踪的次数不同，选择的时间、目标以及内容也不尽相同。

一般来讲，成交后第一次电话追踪，其任务主要是真诚地询问客户是否按时收到所购货物，对产品的质量、包装等是否满意。因此，电话跟踪的时间也要选择在预计货物到达的那一天。常用的追踪语言有："×女士/先生，您从我们这儿预定的××收到了吗？有什么问题吗？"

第二次电话追踪主要是询问客户在产品的使用过程中存在哪些问题，以便提供及时的帮助。如果客户颇有微词，那么询问其需要改进的地方。当然了，也有一些交易属于分期付款，如果款项尚未结清，电话销售员则可提醒他约定付款的时间。这样的追踪内容通常会选择在合作后的一个礼拜进行。语言技巧示范如下："张大爷，这个健身器材使用的怎么样？还习惯吗？""李总，提醒您一下，那批货的尾款该结一下了，您别忘记了。"

第三次电话追踪主要是再次询问客户对产品以及服务的看法，并且借机向其推荐新的产品或者请求其介绍，从而寻求新的合作机会。这样的追踪语言一般选择在合作后的一个月进行。语言技巧示范如下："您觉得我们的服务还有哪些方面有待提高？"

第四次以及第四次之后的电话追踪，主要是为了与其保持长久的联系，培养与客户之间的感情，从而谋求更长远的合作。这个时候追踪的方式和时间都比较自由了，电话销售员可根据实际情况而定。语言技巧示范如下："国庆佳节将到，祝福提前报道。愿您工资做加法，忧伤减出去，乘以幸福和如意，除以烦恼和忧郁，得数我来告诉您，就是快乐在十一，祝您国庆节快乐。"

口才训练3：抱怨电话的应对语言及技巧

身为一名电话销售员，经常会接到一些客户抱怨的电话。并且在客户抱怨的时候，因为是电话沟通，双方都互相看不见，所以他们说话常常无所顾忌，一股脑儿地发泄自己的不满，甚至有的人情绪激动时会飙出脏话，如"混账、王八蛋"等字眼。还有的人，当你耐心探寻事情原委的时候，他直接躁怒不安地挂断电话。这些都会给电话销售员带来严重的受挫感。

但是，身为一名电话销售员，面对客户不理智的行为还需要控制好自己的情绪，以平和、积极的心态与客户沟通，并掌握有效的方法，这样方能圆满地处理客户的抱怨，从而为下一次的成交打好基础。

客户："是××网吗？"

电话销售员："是的，我是销售代表××号，请问有什么可以帮到您？"

客户："你们网站上招聘效率也太差了吧，我前两天就在你们的网站上发布了招聘信息，到现在怎么没有一个人给我们投简历啊？"

电话销售员："您别急，慢慢说。"

客户："我们的招聘信息已经在你们的网站上挂了快两天了，可这两天一封应聘简历也没有收到，您给我解释解释这是为什么。"

电话销售员："我理解您的心情，对于给您造成的困扰，首先我想真诚地说一声对不起。其次，我还想问您几个问题。"

客户："你问吧。"

电话销售员："贵公司的名称是什么？"

客户："北京××公司。"

电话销售员："喔，那是张先生吧。请问您在发布职位的时候设置'简历转发至指定邮箱'这一项了吗？"

客户："设了，我们有专门收简历的邮箱，而且别的网站我也发布广告了，都能收到应聘者发来的信息。"

电话销售员："那麻烦您检查一下您邮箱的空间是否已满。"

客户："我的邮箱空间比较大。"

电话销售员："哦，这样呀。非常感谢您告诉我这个问题，我马上联系我们的技术人员，让他们查看一下后台，看看您说的情况是怎么回事？等会我再打给您，您看好不好？"

客户："快点吧，你赶紧问吧。这上面我们也花了钱的，不能让它起不了作用呀！"

电话销售员："好的。非常感谢您！"

口才训练解读

在上述口才训练中，当电话销售员接到客户的抱怨电话时，客户的情绪非常愤怒。为了缓解客户的这种消极情绪，销售员用"您别急、慢慢说"这几个表达了自己认真倾听，重视客户的意思。这样客户的心情得到一定程度的平复，于是语气也缓和了不少。

安抚完客户情绪之后，接下来就该探寻抱怨的原因，进而解决问题了。不过销售员在询问客户抱怨原因之前，先真诚地道了个歉，这样良好的服务态度可以促使客户积极配合回答问题、解决纠纷。

最后，销售员在了解完事情的原委之后表达了对客户的感谢，同时还提出了解决的办法以及反馈的时间，进而成功平息了客户的怒火，为继续合作扫清了障碍。

这可以说是一个处理抱怨的典范。在遇到问题时，销售员没有推卸责任，也没有怒不可遏地还嘴，而是控制好自己的情绪，一步步地寻求解决问题的办法，进而避免了矛盾的升级，挽回了客户的信任。

技巧解析

这个世界上没有十全十美的产品和服务，遇到客户抱怨，也不足为怪。在化解客户抱怨的时候，销售员只需遵从以下化解技巧便可化险为夷、转危为安。

1. 站在客户的角度上思考问题。

接到客户抱怨时，首先要有换位思考的意识。站在客户的立场上理解客户的处境，即便不是自己的失误，也要首先代表公司表示道歉。其次，销售员还要站在客户的立场上为其设计解决方案。

人与人之间的相互理解是化解矛盾的良药，换位思考，让客户看到自己的歉意，以及帮他解决问题的诚意，相信他会慢慢地平息心头的怒火，转而带着理性与你共同处理问题。

2. 三明治法。

"三明治法"就是两片"面包"夹拒绝。这种方法适用于客户不满意，与客户协商解决方案等情况。第一片"面包"是："我能为您做……"告诉客户你解决问题的诚意和行动，这样可以安抚客户激动的情绪，减少客户沮丧的感觉；第二片"面包"是："您能做的是……"告诉客户，你已控制了一些情况的结果，向客户提出一些可行的建议，供客户参考。

例如，"王先生，我们很理解您的想法。不过按照公司的规定，我没有权利在电话卡没有损毁的情况下给您退卡，望您理解。为了避免浪费卡里 200 元的余额，我们可以向其他买卡的人推荐一下，按照卡内的余额原价转让给其他人，或者您自己也可以打听一下周围的亲戚朋友是不是需要用 200 元的卡打长途电话，您看这样好不好？"

3. 协商让步法。

顾名思义，它是指接到客户抱怨电话时，在调查了解有关情况的前提下，对客户做出一定的让步和补偿行为。不过销售员在使用这种方法沟通时要注意用语，避免说："您说得很有道理，但是……""我很同意您的观点，同时我们考虑到……"这样不利于问题的解决。正确的说法应该是"我很认同您的看法，您看我们这样对您补偿行吗？"

4.从众心理。

从众心理法适用于不完全了解产品和服务就抱怨的客户。电话销售员在处理抱怨时，对抱怨客户和其他客户的感受进行对比，在从众心理的趋势下，客户的心理会获得一种平衡。常见的销售语言是这样的："我理解您为什么会有这样的感受；其他客户和您之前的状况也非常类似，但经过说明之后，他们明白这样的条款其实对他们有很大的好处，您觉得呢？"

口才训练 4：有效处理客户投诉的语言技巧示范及方法

从事电话销售，有的时候避免不了客户的投诉。当客户因为产品的问题或者服务的问题打来投诉电话时，销售员应该怎么办呢？其实在处理投诉的过程中，有很多的语言沟通技巧和方法。

口才训练

电话销售员："您好，××食品有限公司，请问您需要什么帮助？"

客户："把你们领导给我叫过来！"

电话销售员："您好，这位先生，请问您发生什么事情了？"

客户："我要投诉你们公司！"

电话销售员："先生，首先让您这么不高兴我感到非常对不起，您别急，慢慢跟我说，到底是怎么回事儿。"

客户："上个星期我从你们那儿买了一罐奶粉，结果喝着喝着发现里面居然有玻璃渣子，你们这是要孩子的命啊，万一有个好歹，你们负得起这个责任吗？"

电话销售员："非常抱歉，先生，怎么会有这种情况呢，怪不得您会这么生气，要是我我也会大发雷霆的，那孩子现在怎么样？"

客户："孩子没事，幸亏发现得早。"

电话销售员："那就好，孩子的健康是第一位的，没有伤着孩子我就放心了。您先别生气，我们这批货都是经过严格的加工工序生产的，安全绝对都是有保证的，可能是在装袋的时候不小心掉进了杂物。要不这样，您把产品寄回给我们，我们再免费送您几包其他种类的奶粉，您看好吗？"

客户："我并不贪图你们这点小便宜，主要是针对你们这个食品安全问题生气，以后你们可得注意了啊。"

电话销售员："没错，您说得对，我们一定会重视这件事。产品寄回来之后，我们会追根溯源，详细排查的，到时候给您一个满意的说法，您看行吗？"

客户："好吧。这个邮费怎么办？"

电话销售员："这个肯定是我们出，这是我们的疏忽。"

口才训练解读

在产品售后服务中，电话销售员处理客户投诉应当以诚为本，这样才能够快速了解事情的来龙去脉，在最短的时间内寻找到解决问题的办法，从而稳定与客户的合作关系。

在上述口才训练中，这名电话销售员面对客户的投诉，首先表现出不急不躁的专业素养，语言清晰地与客户交谈。而在双方交流的过程中，销售员又设身处地地为对方着想，既表达了诚挚的歉意，又表达了对对方情绪的理解，这样使得客户恢复了对话的理智，从而有利于后面投诉问题的处理。

待销售员得知客户投诉的原因之后，真切地表达了对客户遭遇的关心，并且还及时为客户做出合理的解释，告知客户处理办法，最后做出相应的赔偿，高效圆满地解决了客户的投诉问题，从而将此次事件的负面影响降到最低。

很多电话销售的新人，在碰到客户投诉时，容易慌张，手足无措，最终导致客户与销售人员关系非常冷漠。为了重拾客户的信任，销售员不妨试着从以下这6个方面做起。

1. 让客户尽情地发泄自己的情绪。

通常情况下，客户在投诉的时候大多都是带着一身怒气，极不友好地指责和质问，大有种得理不饶人的气势，此时电话销售员要做的除了真诚地道歉，就是认真地倾听，不要打断客户的陈述，如果有重要的信息还要记得随手记录下来。此外，不管客户如何批评，记得永远不要与客户争辩，因为争辩只会更加激怒客户，对解决事情没有任何帮助。

2. 换位思考，表达对客户的理解。

等客户宣泄了他的不满之后，销售员要及时表达出对客户遭遇的理解，这样可以进一步缓解客户的情绪。只有客户的情绪稳定下来，他才能在理性思维的支配下积极配合销售员处理问题。

3. 探询导致投诉的原因。

聆听客户的抱怨后，必须冷静地分析事情发生的原因与重点。通常来讲，客户投诉的原因很多，有的是对服务不满意，有的是对产品的质量不满意，当然还有的投诉是因为误解导致。总之，不管是什么样的原因，销售员都得先确定下来，然后才能制定出进一步的应对之策。

4. 积极解决问题。

在处理客户投诉的时候，销售员不能推卸责任，或者寻找借口，任何推诿都会使矛盾激化。而且允诺客户的事情不能拖拖拉拉，哪怕是再小的投诉，销售员都不可忽视。对于当时无法解答的，要做出时间承诺。在处理过程中，销售员要随时告诉客户处理的进展，以免客户着急，从而衍生出其他一些负面的情绪。如果客户的投诉明显缺乏事实根据，或者本身就是无事生非，这时候销售员要心平气和地运用旁敲侧击、启发和暗示等方法，澄清客户的错误想法，以化解客户异议。

5. 跟踪调查客户的满意程度。

待投诉处理完毕后，销售员还要对客户进行跟踪调查，了解他的满意程度。如果客户仍然不满意，销售员需要想别的补救之策。这样做的目的就是为了能给客户留下一个好的印象，重新赢得客户的信任，从而为双方长期的合作奠定一个良好的感情基础。

6. 寻根求源彻底消灭问题。

客户的合理投诉显然是销售产品或服务有不足之处。为了避免出现类似的投诉情况发生，销售员要将客户的投诉在全行通告，找出并纠正问题的根源。俗话说，失败是成功之母，销售员只有吸取经验教训，提出改进对策，才能不断提高自身的服务质量和服务水平，才能有效降低客户投诉率，才能赢得更多客户的青睐。

处理投诉常用的语言技巧示范如下：

"××先生/小姐，您先别着急，有什么话，咱们慢慢说。"

"××先生/小姐，您的心情我非常理解，对于给您造成的困扰，我感到非常抱歉。"

"请允许我为您解释一下。"

"您的这个问题我已经反映给公司领导了，领导对此非常重视，您有什么要求可以和我们的领导进一步交流，我们尽量满足您。"

"您看这样处理行不行？"

口才训练5：用"请教"和"求荐"法拓宽客源

在成功地为客户提供服务、获得客户的认可后，电话销售员要懂得借力使力，以"请教"和"求见"的名义获得客户的转介绍，这样销售员的客源才会越来越多，为将来更多的成交打好基础。

口才训练一

电话销售员："李先生，您好，我是××公司的××。您这会儿方便接电话吗？"

客户："嗯，我不忙，你有什么事吗？"

电话销售员："这次展会您觉得怎么样？您的意见对我们弥足珍贵，可以让我们不断完善组织工作，提高服务质量。只要您提出来，我们都会虚心采纳的。"

客户："整体还不错，参展商挺多，你们的宣传也挺到位。不过，唯一遗憾的是你们似乎忽略了我们这些外地参展商了。我们千里迢迢来到这里参加展会，结果没有吃住的地方，这搞得我们很不方便。建议你们以后可以考虑为参展商选择几家比较好、距离展会地点近的酒店备选。要时时刻刻为客户着想嘛。"

电话销售员："非常感谢您，这是我们的失误，以后会尽量完善这些服务。"

客户："好的。"

电话销售员："李先生，谢谢您给我们提出这么好的建议，以后我们会多多弥补自身的不足，为更多的合作伙伴带来更为周到的服务。对了，以后您的同行有什么需要，麻烦您给我引荐一下，看在您的面子上，我一定给他更优惠、更周到的服务。"

客户："好，没问题，只要你们服务到位，以后多的是合作的机会。"

电话销售员："好的，太谢谢您了！"

口才训练二

电话销售员："张总啊，您现在忙吗？"

客户："不忙啊，怎么了？"

电话销售员："我们公司刚刚推出一款产品，质量还不错，我想您的一位朋友会有兴趣，他是××公司的李经理，您可不可以帮我引荐一下，我想去拜访他。"

客户："什么产品啊？"

电话销售员："我们这款产品是……"

客户："行，我问问他需不需要。"

电话销售员："实在是太谢谢您了。您看如果以后在哪方面需要我们服务的，随时联系我，非常乐意为您效劳。"

客户："没问题，行，再见。"

电话销售员："再见。"

口才训练解读

有些人总是好为人师，喜欢通过教育和指导别人来彰显自己的优越感。电话销售员可有意征求客户的一些意见，或假装不懂地向客户请教。通常来讲，客户是不会拒绝虚心讨教的人的。这样电话销售员便得到一个亲近客户的机会，一旦获得他们的好感和信任，那么让他帮助你拓展客户便不再是一件难事，口才训练一中的销售员就是这样做的。

稳定老客户、获得新客户是电话销售员拓展客源最有效的一种方法。口才训练二就是由客户推荐其他客户的典型代表。产品交易的达成源于信任，而新客户的信任如果是源于自己熟悉的第三方，那么这种信任程度会大大增强，双方成交的概率也会增加不少。

技巧解析

电话销售员在向客户请教时可以询问自己工作中需要改善的问题，也可以询问客户对自己服务的看法，这样既彰显了对客户的重视程度，又可以让自己的工作得到改善，提高客户的满意程度。而且这样的方式还可以建立和稳固客户对销售员的信任和好感，非常有利于再销售和转介绍工作的开展。

当然了，拓展客源的方式除了"请教"还有"求荐"。电话销售员在请求老客户转介绍时，可以运用以下技巧。

1. 抓住求荐的最佳时机。

通常来讲，电话销售员寻求客户推荐其他客户最合适的时机就是客户对你的产品以及服务最满意，最信任的时候。

2. 真诚地表达对客户推荐的感激之情。

客户为你推荐客户，事实上是为你提供了信誉担保，因此，为了不辜负推荐人的信任和好意，电话销售员必须完善自己的服务，保证产品质量。此外，"滴水之恩，当涌泉相报"。感激之言自然不在话下，他日客户有什么困难之处也当竭力相助，这样才能为拓展客源打好感情基础。

3. 求荐切忌急功近利。

电话销售员在要求客户转介绍时，千万不要表现出一副急着想赚钱的样子。急功近利的表现只会让客户觉得你是在消费他的信任，从而换取其他客户口袋里的钱。这样脆弱的信任关系自然无法成功获得客户的转介绍。

4. 了解转介绍客户的个人资料。

俗话说，不打无准备之仗，方能立于不败之地。在请求客户转介绍之前，电话销售员要积极了解转介绍客户的个人资料，这些资料包括公司资料、个人资料、最近的社会活动、兴趣爱好、电话号码等信息，以及他们为什么会有这种需求，他的购买动机是什么。

5. 请求客户约见转介绍客户。

前面的工作都是铺垫，而这才是转介绍的关键所在。常见的求荐语言有："您可不可以帮我引荐一下，通知一下您的这位朋友，我明天想去拜访他。"假如你前期在客户心中累积了足够的信任，那么成功约见新客户自然不在话下。

口才训练 6：运用情感价值引导客户说出其背后250 个潜在客户

在销售行业中，人们普遍达成这样一个共识：抓住一个抱怨的客户，相当于赢得十个客户；失去一个抱怨的客户，等于增加十个负面信息宣传员。而在这个世界上，任何事物都有两面性，这些客户既然能一传十，十传百，将负面的信息一直传下去，那么关于产品或服务的正面信息，也一定能得到相同的宣传效果。只不过销售员需要积极引导，把抱怨客户变成忠诚客户就好。

美国销售员乔·吉拉德在漫长的推销生涯中总结出了一套"250 定律"，它的意思是指每一个客户背后都站着 250 个准客户。电话销售员若是能够用情感价值引导这些忠诚客户说出其背后 250 个潜在客户，那么就会有源源不断的客源给你带来销售业绩。

口才训练

小李是某公司的电话销售员，她的销售业绩一直在公司里是数一数二的。曾经有人问她成功的秘诀是什么，她神秘地笑了笑道："因为我打得一手好感情牌。"其实仔细琢磨还真是如此。小李每成交一个客户，通常在两周之内，都会给这位已成交的老客户做一次礼貌性回访。

比如，××广告公司在一个礼拜前从小李那里购买了一台激光打印机。随后不久，她便给客户拨打了回访的电话。

小李："张总，您好，我是××公司的小李。请问您现在接电话方便吗？"

张总："哦，方便。你说吧，找我有什么事吗？"

小李："是这样的，您上个星期从我们这儿买了一台打印机，我现在想问一下打印机的使用效果怎么样？有什么需要及时向我们反馈。"

张总："还可以，目前还没有发现什么毛病。"

小李："非常感谢您抽时间接受我们的回访，以后有什么问题欢迎您随时联系我。"

张总："哦，好的。你们的服务还真周到。"

小李："为您竭诚服务是我们的职责。如果您身边有哪些朋友可能也需要我们的产品，或对我们的产品有兴趣，也麻烦您帮忙引荐一下，好吗？"

张总："好的。"

小李："非常感谢您对我们工作的信任和支持，那今天我就不打扰您了，以后有问题咱们随时保持联络，好吧？"

张总："好的，再见。"

小李："再见。"

美国推销大王乔·坎多尔曾经说过：推销工作 98% 是感情工作，2% 是对产品的了解。由此可见，情感价值在推销活动中所起的作用有大多。口才训练中的销售员小李就是一个驾驭情感的高手。她在平时通过体贴入微的售后服务与客户保持了良好的人际关系，获得了他们的认同和好感，等到真正需要他们转介客户的时候，在这笔"人情债"的驱使下，自然也不好意思推托，于是小李就会获得很多的客户。

电话销售员应该如何和老客户维系这条感情线，从而实现拓宽客源的目的呢？其实这主要根据客户的类型而定。一般来说，转介绍的老客户可分为以下四类。

第一类，个性张扬型。

这类老客户非常好接触，而且他们通常都是有求必应的。不过这类人最大的特点是爱出风头，比较张扬，喜欢荣誉。所以，电话销售员要想和这类人打好关系，最好多给他们一些表现的机会。比如，公司开产品说明会的时候，让他上台讲几句话，然后给他颁个荣誉奖等。

第二类，无利不起早型。

这类客户目的性比较明确，电话销售员若是能给他们一些经济上的利益，比如提成等，他们就会很卖力地给你转介绍。当然和这类人维系关系最好的纽带就是利益。

第三类，求助型。

这类客户荣誉感不强，金钱观也比较淡薄。电话销售员如果想让他们帮忙介绍，最好"礼尚往来"，自己也能给他们提供一定的帮助，否则换不来他们尽心竭力的协助。与这类客户维持关系，销售员最好真诚以待，不要耍什么心眼，只要你能解决他们的困难，你就可以获得同等价值的回报。

第四类，情感单纯型。

这类客户是最省心的，也是转介绍量最少的。这类人把感情看得很重，他们无欲无求，不会特意为了你而转介绍，如果推荐客户，也是纯粹出于朋友之间的关系帮忙。对于这类客户，销售员也应与他好好相处，以朋友之情待之，维护好你们之间的情谊，毕竟多个朋友多条路，即便是转介绍的客户不多，那也总比没有强。

口才训练7：用抱诚守真的语言传递感情，培养客户的忠诚度

客户忠诚度，又可称为客户黏度，是指客户对某一特定产品或服务产生了好感，形成了"依附性"偏好，进而重复购买的一种趋向。培养客户的忠诚度有助于打开产品的知名度，维护企业的形象和信誉，更有利于促成再次交易。而销售员要想建立稳定而忠诚的客户群，首先必须保证常怀一颗赤子之心，精心培育客户与销售员之间的关系，这样才能换来客户的再次消费和转介绍。

口才训练

电话销售员："赵总，上次预定的那批设备的尾款该结了吧！请问您什么时候能把钱汇过来？"

客户："好的，不过我记得你上次答应过我免费维修老设备的事儿，也还没有兑现呢！不知道什么时候可以派人来！"

电话销售员："赵总，我们的服务部说，您公司的这批老设备不在维修的责任范围之内，真是对不起，恐怕要让您失望了。"

客户："啊？那你当初还那样承诺我！"

电话销售员："实在对不起，是我搞错了，以为能修呢。"

客户："那这尾款你也别要了。"

口才训练解读

北宋理学家和教育家程颐曾经说过："以诚感人者，人亦诚而应。"如果电话销售员都不能以抱诚守真的服务态度对待客户，那么又怎么能换来客户的真挚和忠诚呢？口才训练中的电话销售员就没有仔细衡量自己的能力，随便给客户许下了维修旧设备的承诺，结果这样虚假的承诺始终经不住实际的检验，最后不仅没有收回账款，反而失去了客户的信任，甚至有可能永远失去这个客户。

技巧解析

客户既是合作者，又是宣传员。如果销售员拥有一批稳定的顾客，那么可以放长线钓大鱼，收获更多的订单。而要想建立稳定而忠诚的客户群，销售员可以从以下几个方面做起。

1. 客户与销售员的关系需要真心培育。

好的婚姻需要用心经营，好的客户与销售员的关系也需要精心培育。在这个竞争激烈的市场中，客户不会接二连三的选择和你成交，当然更不会将他的购买感受主动透露给你。销售员要想收获忠诚的客户群，就得积极主动地给予其真诚的关心和服务。产品质量是否存在问题、服务是否满意、有无需要咨询和求助的问题，这些都是电话销售员需要真诚去探知的问题。

2. 对客户有诺必践。

客户对电话销售员的信任和忠诚是在沟通交流的基础上逐渐建立起来的，而销售员的一言一行都影响着客户的选择。一旦对客户许下诺言，销售员必当全力以赴，尽力实现。满嘴跑火车，食言而肥的不诚之举必然无法取信于客户，更加无法培养他们的忠诚感。

很多世界性品牌的汽车，虽然并不是完美无缺的，但公司的信誉、汽车的销量并未因此而受到打击，相反，人们对其保持着一种持久的信赖感和忠诚度。为什么会这样呢？主要是因为他们有诺必践，敢于担当，设身处地地为用户着想。这样的诚信精神非常值得电话销售员借鉴。

3. 真诚对待客户的反馈。

客户的反馈是其对产品或服务满意程度最直接的体现。销售员若是能主动联系客户并向其征求意见，则表明你对他很重视。假设销售员还能够根据客户的反馈意见，扬长避短，积极完善产品或服务的不足之处，那么更容易吸引客户成为回头客。